De la grotte
à la niche

La domestication des animaux

Castor Poche Connaissances
Collection animée par
François Faucher et Martine Lang

Titre original :
WHO HARNESSED THE HORSE ?

À Daniel Francis Thomas
avec tout l'amour de sa grand-mère.

Une production de l'Atelier du Père Castor

© 1992, by Margery Facklam
Published by arrangement with
Little Brown and Company – Boston
© 1996, Castor Poche Flammarion
pour la traduction française et l'illustration

MARGERY FACKLAM

De la grotte
à la niche

La domestication des animaux

Texte français de
FLORENCE BECQUET

Illustrations de
BRIGITTE PERDREAU

Castor Poche Connaissances Flammarion

Margery Facklam est l'auteur de plusieurs documentaires pour enfants qui ont été primés. Elle a travaillé au Musée des sciences à Buffalo, à l'« Aquarium » des chutes du Niagara, et au zoo de Buffalo. Aujourd'hui, M. Facklam consacre son temps à l'écriture et à l'enseignement. Elle vit dans l'État de New York avec son mari, Howard, et son chat.

Florence Becquet, la traductrice, vit à Boulogne-Billancourt, avec ses deux enfants.

Journaliste, spécialisée dans la presse enfantine, traductrice, auteur d'histoires pour enfants, elle ne conçoit pas l'existence sans écrire pour eux. « Une de mes grandes joies ? Lire de la littérature enfantine. Je partage cette passion avec ma plus jeune fille ! »

Brigitte Perdreau, l'illustratrice de l'intérieur, est née en 1964. Après des études à l'école Duperré (Arts appliqués), elle a suivi des cours aux Arts décoratifs à Paris.

Amoureuse de la nature, elle vit entourée d'animaux dans les Hauts-de-Seine. Elle partage son temps entre la peinture, l'illustration et l'art lyrique, une autre passion. « La musique et la peinture ne peuvent être dissociées dans ma vie », dit-elle.

Bruno Gibert, l'illustrateur de la couverture, présente l'étrange histoire de sa vie :

« À deux ans, je découvre qu'en avançant et en reculant un peu mon bras, avec au bout de la main un crayon, j'obtiens, sur une feuille, des lignes qui se chevauchent, s'entrecoupent, se rejoignent. Ma mère appelle ça un dessin. Me voilà dessinateur ! Quelque vingt années plus tard, toujours étonné par ce miracle, je décide d'en faire mon métier. Le mot "métier" est peut-être un peu fort pour une profession que l'on peut exercer en pyjama ! Dix années de collaboration idyllique avec le Père Castor m'ont apporté un immense bonheur (et donné un peu d'argent !). Quoi de plus émouvant que de tenir en main cet objet magique – le livre – pour lequel on a travaillé avec des couleurs de peintre du lundi, avec l'espoir de le rendre beau, tout simplement ? »

De la grotte à la niche :

Comment le chien et le chat sont-ils devenus compagnons de l'homme ?

Qui a dompté le cheval ?

D'où viennent la vache, la poule, le dindon ?

De l'éléphant au furet, en passant par le cormoran, les mystères de la domestication animale.

Un ouvrage vivant qui nous permet de mieux comprendre les origines de nos animaux familiers. Il étonnera autant les enfants que les parents par la diversité des animaux qu'on y rencontre, mais surtout par l'emploi qu'en faisaient nos ancêtres.

Sommaire

1. Le meilleur ami de l'homme : le chien

Un loup hurla. Un autre lui répondit, puis un autre, avant que ne leur fasse écho, à travers la nuit, le chœur d'une horde. Le jeune garçon trembla et se rapprocha de sa petite sœur, qui avait rabattu sur elle la fourrure trop courte pour les recouvrir tous les deux. À l'entrée de la caverne le feu crépitait. Une bûche tomba soudain dans le brasier. Les flammes projetèrent alors de longues ombres dansantes sur les parois aux arêtes vives.

Les loups, à pas feutrés, se rapprochaient de la caverne, où le clan avait fêté la prise d'un gros gibier. Dans la lueur des flammes, le garçon vit un loup s'élancer pour s'emparer d'un os. Ses yeux brillaient comme la pleine lune. Un second loup bondit sur l'os. Ils se dressèrent l'un contre l'autre puis finirent par arracher chacun un gros morceau de viande. Enfin, l'air satisfait, ils partirent tous les deux.

Le père du garçon poussa un grognement. Il s'enroula dans sa peau d'élan et se remit à ronfler. Le garçon s'était à demi assoupi lorsqu'il entendit un bruit – un petit cri plaintif. Était-ce un rêve ? Le bruit se renouvela tout près de lui, et il sentit alors quelque chose renifler ses pieds. « Un petit animal de la caverne », pensa-t-il. Il cacha ses pieds sous la fourrure.

Le lendemain matin, lorsque les premiers rayons du soleil réchauffèrent la caverne, le garçon découvrit un louveteau roulé en boule contre lui. Le garçon bougea et le louveteau se réveilla. L'animal jeta un regard craintif autour de lui, comme s'il se demandait ce qu'il faisait si près de cette créature à l'odeur humaine. Le garçon tendit la main pour le toucher, mais le petit loup s'enfuit avec la rapidité de l'éclair.

Le garçon et sa sœur le cherchèrent toute la journée. Ils ne revirent le louveteau qu'à la nuit. Tout à coup, son ombre se découpa dans la lumière du feu, ses yeux s'embrasaient comme ceux des grands loups. Pourquoi était-il seul ? Était-il perdu ? Le garçon lui jeta un bout de viande et le louveteau l'avala goulûment.

Depuis ce jour, le jeune loup revint souvent les voir. Après trois cycles complets de lune, le clan se mit en marche à la recherche d'un nouveau territoire de chasse au climat plus chaud, et le jeune loup les suivit...

Loin de là, trois enfants s'éclaboussaient dans une mare à l'orée d'une forêt lorsqu'ils entendirent des hommes crier près du campement. Les chasseurs rapportaient de la nourriture ! Les femmes et les enfants coururent à leur rencontre. Quatre hommes traînaient une antilope mâle capturée dans l'un de leur piège, deux autres peinaient sous le poids d'un volumineux sac en peau de bête. Ce dernier semblait être vivant à cause des soubresauts qui l'agitaient. Les hommes laissèrent tomber le sac à terre, et six petits loups rondelets en sortirent, jappant et glapissant à qui mieux mieux. Les femmes avaient déjà planté des bâtons en cercle dans la boue pour construire un enclos. Les louveteaux y seraient retenus et engraissés afin de constituer de tendres repas pour les jours à venir.

Pendant les semaines qui suivirent, il incomba aux enfants de donner à manger aux jeunes loups. Les plus gros furent bien sûr les premiers mangés, et il ne resta bientôt que le plus chétif. Une petite fille l'avait nourri avec des morceaux de viande, qu'elle avait prélevés sur sa propre ration. Un soir, elle demanda à son père si elle pouvait garder le petit loup. Lui donna-t-il son accord ? Lui permit-il de le garder comme un véritable compagnon ?

Personne ne sait réellement qui réussit le premier à faire d'un loup son ami, mais c'est probablement arrivé plusieurs fois dans différents endroits du globe. Les louveteaux sont facilement apprivoisables, et restent par la suite fidèles à celui qui a pris la place de leur chef de meute. Ces loups apprivoisés sont les ancêtres des chiens et ont changé définitivement le mode de vie des hommes.

L'histoire des chiens a commencé il y a plus de 10 000 ans au temps de l'âge de pierre. Les hommes n'avaient pas encore appris à planter des graines ni à récolter les moissons. Ils se déplaçaient d'un endroit à un autre pour trouver leur nourriture. Ils n'avaient pas encore de compagnons parmi les animaux – le cheval qui emporte au galop ou la vache qui donne son lait. Dès qu'ils découvraient une caverne ou un abri près d'un point d'eau, ces nomades établissaient un campement. Ils chassaient à l'aide de lances et de gourdins ou posaient des pièges. Ils cueillaient des plantes pour se nourrir et se soigner. Au gré des saisons, ils suivaient les troupeaux d'animaux qui eux aussi gagnaient des contrées plus riches.

Les bandes de loups ressemblent beaucoup aux familles humaines. Une meute vit sur un territoire avec à sa tête un chef, généralement un des mâles les plus âgés. Comme les premiers chasseurs, les loups suivaient les troupeaux d'animaux qui broutaient. Ils s'entendaient pour isoler une des bêtes et la tuer. Ils partageaient ensuite sa dépouille avec tous les membres de la meute.

Lorsque les loups ne trouvaient pas une proie assez grosse pour satisfaire tous les appétits, ils se contentaient de plus petites trouvailles ou s'emparaient du gibier tué par d'autres animaux. Ce fut un grand jour pour l'humanité quand les loups affamés découvrirent que les humains avaient l'habitude de jeter les restes de leur repas. Ainsi les hommes purent apprivoiser les loups qui fouillaient dans les ordures à proximité des campements et des cavernes. Peu à peu, au cours de milliers d'années, ces loups apprivoisés devinrent les premiers animaux domestiques – les chiens.

arbre généalogique du chien

Tous les chiens descendent des loups. Comment est-il possible qu'un chihuahua d'à peine un kilo, un teckel en forme de saucisse, un caniche pelucheux et un lévrier au poil luisant descendent tous d'un même ancêtre : le loup ?

Personne ne sait exactement à quel moment certains loups apprivoisés se transformèrent en chiens, mais nous savons avec certitude quelle a été leur évolution. Certains changements apparurent quand les loups apprivoisés n'eurent plus à se débrouiller par eux-mêmes. Un animal nourri et protégé n'a pas besoin des mêmes compétences et capacités physiques qu'une bête sauvage pour survivre. Il n'a pas à peiner aussi dur pour chercher sa nourriture, à se méfier autant de ses ennemis ou à défendre aussi âprement son territoire. Ainsi, le museau d'un berger allemand possède environ 220 millions de cellules odorantes. C'est un million de fois plus que notre nez, mais beaucoup moins que le museau d'un loup. Un chien a aussi des dents plus petites et moins nombreuses qu'un loup, et c'est d'ailleurs l'un des critères utilisés par les savants pour différencier les deux espèces lors d'une analyse de fossiles.

D'autres changements sont survenus lorsque des loups d'espèces différentes se sont rencontrés, alors qu'ils accompagnaient des nomades. Comme chez les humains, il existe des individus de tailles, de couleurs et de caractères différents. Dans une portée de loups, il peut y en avoir un noir, un gris, un brun roux et un blond. L'un peut être peureux, l'autre plein d'audace et intrépide. L'un peut devenir un chef, l'autre un éclaireur pour la chasse, et un autre un bon gardien pour s'occuper de louveteaux. Comme des tribus de chasseurs du Moyen-Orient traversaient les plaines et franchissaient les montagnes, elles rencontrèrent d'autres voyageurs. Les petits et frêles chiens-loups qui les suivaient s'accouplèrent alors avec les plus grands loups des pays nordiques à fourrure épaisse. Les louveteaux engendrés furent donc le résultat d'un mélange des deux espèces, créant ainsi des variétés de tailles, de tempéraments, d'épaisseurs de pelage et de multiples combinaisons de couleurs.

Les plus anciens ossements de chiens que nous connaissons, distincts par leur taille et leur forme de ceux du loup, furent trouvés au Moyen-Orient et datent de plus de 10 000 ans. Des os fossiles de chiens domestiques furent trouvés plus au nord, au Danemark. La taille et la forme de ces ossements vieux de 9 500 ans semblent suggérer que ces chiens descendaient d'un croisement de grands loups nordiques et de chiens-loups plus petits originaires du sud.

Quoique déjà très différents de leurs ancêtres, les chiens ont surtout évolué suivant les diverses utilités que les hommes leur ont assignées. Lorsqu'un homme vit un chien aux longues pattes qui était vif comme l'éclair, ou un autre qui pouvait flairer l'odeur d'un lapin mieux que n'importe quel autre, il décida d'en posséder pour l'aider dans sa chasse. Les hommes souhaitant de gros chiens résistants pour garder leurs campements ont probablement croisé les mâles et les femelles les plus grands et les plus robustes afin de donner naissance à des chiots de même tempérament. En d'autres termes, les tribus ont délibérément choisi certains chiens parce qu'ils possédaient des caractéristiques spécifiques.

Une caractéristique désigne un aspect particulier comme la taille, la couleur, l'aspect ou le caractère.

Personne n'est capable de donner une caractéristique à un animal, là où elle n'existe pas. Une caractéristique peut uniquement être renforcée par une **reproduction sélective**. Un chien est sélectionné pour certaines qualités – comme sa rapidité, la finesse de son flair ou de son ouïe. Il est alors croisé avec un autre chien similaire pour perpétuer cette particularité. Les caractéristiques ne sont pas ajoutées à un animal par une reproduction sélective, certaines d'entre elles peuvent cependant être développées.

La reproduction sélective est ce qui différencie un animal apprivoisé d'un animal domestiqué.

Les animaux apprivoisés sont uniquement des animaux qui ne sont plus sauvages. Ils peuvent dépendre de l'homme pour leur nourriture ou leur abri, autrement, ils sont restés les mêmes.

Les animaux domestiques furent apprivoisés, mais aussi volontairement transformés par l'homme, pour servir ses desseins.

Autrefois, les loups apprivoisés du Nord furent sans doute gardés dans des enclos jusqu'à ce que les hommes les utilisent pour les aider à attraper et à tuer le renne. Ce sont bien entendu les loups les plus rapides qui furent sélectionnés pour cette tâche.

Lorsque les hommes se sont aperçus que les chiens-loups étaient enthousiastes et motivés pour travailler de concert, ils les attelèrent à des traîneaux qu'ils tirèrent sur la glace et la neige.

Aujourd'hui, **les chiens de traîneaux**, tels que les *siberians husky esquimaux* et les *alaskans malamutes* sont, ceux qui ressemblent encore le plus aux loups. Il arrive que les maîtres laissent certains de leurs chiens de traîneau libres de s'accoupler avec des louves sauvages. Cependant, il est aisé de faire la différence entre un chien de traîneau et un loup en observant leur queue. Celle du loup n'est jamais roulée en boule sur le dos comme celle du chien de traîneau.

Il est facile de comparer les loups et les chiens de traîneau. Mais comment se fait-il qu'un chien ait l'air d'une saucisse, qu'un autre ait la tête enfoncée d'un *bulldog*, et un troisième les oreilles tombantes ? Pourquoi certains ont-ils des poils bouclés et d'autres pas de poils du tout ? La **mutation** en est la responsable.

maman

papa

lulu

arthur

mutation

casimir

Une mutation est un hasard de la nature-
qui fait qu'à sa naissance un animal peut
être légèrement différent des autres de
son espèce. Par exemple, un chiot peut
naître avec un museau court et aplati.

Plus tard, certains de ses petits pourront avoir le même museau court, et ce caractère sera transmis ou hérité. Mais peu importe qu'ils aient une tête de bulldog ou la peau plissée ou toute autre mutation, puisque tous les chiens descendent du même ancêtre : le loup.

Dans l'ancienne Égypte, il y a 7 000 ans, les hommes élevaient le *sloughi*, un chien capable de battre à la course la plus rapide des gazelles. On dit qu'il est « aussi âgé que le temps lui-même ». Certains affirment qu'il constitue la première **race** connue. Une race est une certaine variété d'animal à l'intérieur d'une espèce. Comme le lévrier greyhound, son proche cousin, le sloughi utilise toujours ses yeux perçants pour chasser, plutôt que son flair. Les Égyptiens le surnommaient « sloughi » : « le noble ».

Dans l'Antiquité, les commerçants arabes ne vendaient jamais ces chiens. Ils les échangeaient contre des chameaux ou des objets de valeur. Le sloughi était le seul chien à n'avoir jamais eu l'autorisation de dormir sous la même tente qu'un cheikh arabe. Des momies de ces chiens de compagnie furent retrouvées dans les tombes de pharaons. Sur leur collier étaient inscrits leurs noms : l'Attrapeur, Marmite. Il est aisé de deviner quel type de chien avait pu être l'Attrapeur. Et peut-être que Marmite traînait tellement dans la cuisine que le chef le menaça de le jeter dans la marmite ?

Le lévrier afghan est aussi d'une race très ancienne. On l'a appelé le « chien de l'arche de Noé ». Il y a 6 000 ans, ces grands chiens de chasse élancés gardaient les troupeaux de moutons. Ces gardiens courageux pouvaient affronter un léopard si cela était nécessaire. Un roi égyptien avait plusieurs centaines d'esclaves dont l'unique préoccupation était de prendre soin de son lévrier afghan préféré.

Des dalmatiens aux taches noires et blanches **trottaient derrière des chars il y a 4 000 ans en Égypte**. Des siècles plus tard en Europe, ils suivaient les caravanes de gitans, dans une région d'Autriche appelée Dalmatie, qui leur a donné leur nom. Au fil des ans, on a utilisé les dalmatiens comme rapporteurs ou traqueurs, sentinelles, bergers ou même clowns. Ils sont aujourd'hui plus connus sous le nom de « chiens de pompiers ». Depuis qu'ils ont suivi les chars,

les dalmatiens aiment être avec les chevaux. Leur amitié avec les pompiers date
de l'époque où les pompes à eau et les
charrettes à échelles étaient tirées par des
chevaux.

Les dalmatiens furent souvent appelés
chiens de carrosse et chiens d'attelage, et
même chiens « plum pudding », à cause
de leurs taches noires qui font penser aux
pruneaux d'un pudding. (Les petits dalmatiens naissent complètement blancs et
les taches apparaissent en grandissant.)
Au fil des années, leurs emplois et leur

nom ont changé, mais les dalmatiens actuels ressemblent toujours à leurs ancêtres qui vivaient en Égypte.

slougbi

chihuahua loulou de Poméranie

Shar-Peï

lévrier Afghan

Les chiens miniatures, comme les *pékinois*, les *loulous de Poméranie* et les *chihuahuas*, **descendent d'une longue lignée de chiens nains**. D'abord, de petits chiens furent élevés en vue d'être des chiens de salon ou des chiens placés « dessous une table ». Au Proche-Orient, on les a surnommés « chiens de confort » parce qu'on pouvait s'en servir comme d'un coussin chauffant en les tenant sur son ventre. En Chine, on les surnommait « chiens de manchon », car ils pouvaient être portés dans les manches flottantes des kimonos.

Le pékinois, délicat, appartient à une race ancienne originaire de Chine. Son nom vient de la ville de Pékin, où l'on raconte beaucoup de légendes sur les chiens miniatures. L'une d'elles rapporte qu'une lionne fatiguée de son compagnon, un lion bourru, partit vivre avec un papillon. Leurs enfants furent les pékinois – courageux comme les lions, mais aussi délicats que les papillons.

Les chiens pékinois vivaient dans les palais. Seuls l'empereur et sa famille avaient le droit d'en posséder. Durant des siècles, les voleurs de pékinois pris en flagrant délit étaient mis à mort. Mais, dans les années 1800, un soldat britannique fit sortir de Chine en cachette l'un de ces précieux chiens et l'offrit à la reine Victoria d'Angleterre. Ainsi, les chiens pékinois devinrent également populaires en Occident.

Les pékinois, les sloughis, les huskis, les dalmatiens et les lévriers afghans sont des races très anciennes. Beaucoup

d'autres races sont relativement récentes,
comme celle du dobermann.

Berger Allemand

Rottweiler

Dobermann

**Le dobermann pinscher fut créé il y
a seulement 100 ans** en Allemagne.
Ainsi, en 1890, un amoureux des chiens,
nommé Louis Dobermann, décida de
créer une nouvelle race : un grand chien
qui serait un athlète puissant et un gardien loyal. Louis Dobermann aimait les
fidèles *bergers allemands* et admirait les
rottweilers, robustes chiens de garde de

couleur noire, vieille race canine importée en Allemagne par les envahisseurs
romains.

Louis Dobermann savait que, s'il choisissait un berger allemand et une femelle
rottweiler, les chiots qui naîtraient de
leur croisement hériteraient de certaines
caractéristiques de l'un et de l'autre,
selon différentes combinaisons. Et c'est
précisément ce qu'il voulait : un croisement qui donnerait le jour à une nouvelle race. À chaque portée, il sélectionnait
les chiots qui ressemblaient le plus au
chien qu'il avait en tête. Finalement, en
1910, il avait obtenu ces nouveaux chiens
athlétiques au poil court, que les gens ont
surnommés « chiens de Dobermann ». Ils
n'avaient pas le poil aussi luisant que les
dobermanns actuels, mais ils étaient
aussi robustes que les rottweilers et aussi
dévoués que les bergers allemands.

Louis Dobermann put « créer » une
nouvelle race, puisque **tous les chiens
sont proches parents**. Leur taille, leur
silhouette et leur couleur importent peu
dans la mesure où ils appartiennent à la
même espèce et peuvent donc s'accoupler
et avoir des descendants. Un saint-bernard et un *golden retriever* peuvent être

parents. Un teckel peut s'accoupler avec un caniche laineux ou un chihuahua à poil ras. Toutes les combinaisons sont possibles.

Les propriétaires de chiens suivent des modes. Dans les années 1930 et 1940, les *cockers* étaient les chiens de compagnie favoris des familles. Dans les années 1950 et 1960, c'étaient les robustes *boxers* à la tête carrée qui étaient très populaires. Les caniches eurent ensuite le dessus. De nos jours, les rottweilers, les bergers allemands et les dobermanns pinschers sont les races préférées, particulièrement dans les grandes villes, où les gens veulent des chiens de garde pour se protéger. Au cours des années, les golden retrievers à l'humeur facile ont été recherchés de même que les *labradors*, bons chasseurs, mais aussi excellents compagnons. Certains préfèrent par ailleurs les chiens insolites comme le petit *lhassa-apso* originaire du Tibet, qui s'adapte très facilement à la vie en appartement, ou le *shar-pei* ridé, dont la peau semble être trop grande pour son corps.

Il existe probablement 300 ou 400 différentes races de chiens au monde, mais la Fédération synologique internationale a reconnu 341 races différentes.

Un **chien de race** est un chien dont les géniteurs et les ancêtres sont de la même lignée aussi loin qu'on s'en souvienne. Pourtant, une grande partie des 10 millions de chiens en France sont issus de mélanges de races. Certaines personnes les appellent des **bâtards**. Quant aux **corniauds**, ils sont issus de deux races indéterminées. Ce sont des chiens à tout faire, qui peuvent garder une maison, apporter un journal, attraper un frisbee, veiller auprès d'un lit d'enfant, bref faire tout ce que leur demandent leurs maîtres.

La vie ne serait pas la même sans les chiens. Les chiens de berger de Nouvelle-Zélande sont si indispensables qu'un dicton affirme : « Sans chien, point de berger. Sans berger, point de mouton. Sans mouton, point de laine ni de viande. »

Les chiens sont des compagnons pour les aveugles, les sourds ou les personnes en fauteuil roulant. Ils peuvent guider leurs amis à travers les rues encombrées, allumer des lampes, les prévenir d'une visite ou ramasser des objets tombés à terre.

Les chiens vont à la rescousse de personnes enterrées lors de tremblements de terre, d'inondations ou d'avalanches. Grâce à leur flair, ils peuvent être dressés à détecter la présence de drogue ou d'explosifs.

Les chiens tirent des traîneaux et nous divertissent au cinéma ou à la télévision. Ils sont fidèles, intelligents, joueurs et courageux. Beaucoup de maîtres jureraient que leurs chiens sont quasiment des êtres humains. Presque toutes les qualités que nous aimons et admirons chez les chiens proviennent de leurs ancêtres, les loups, ces animaux sociables qui nous ressemblent tant.

Le chien fut le premier animal à notre service. Il déclencha l'âge de la domestication, qui changea pour toujours la façon de vivre des hommes. Notre premier meilleur ami fit fonction de gardien, aida à capturer et à domestiquer les autres animaux qui servirent alors de repas ou de moyens de transport. Lorsque les hommes durent s'occuper d'animaux domestiques, ils commencèrent à se sédentariser et à construire les futures civilisations.

Il arriva alors quelque chose de curieux. Injustement, une fois que les hommes s'adjoignirent le service des chiens, ils n'admirèrent plus le loup. Ce dernier devint une créature épouvantable et dangereuse. Les chiens fidèles montèrent alors la garde pour tenir les loups à distance. Et depuis, nous en avons peur. Nous avons tué tant de loups et nous les avons tant chassés de leurs habitats naturels, qu'il en reste peu dans le monde.

Il a été dit que « nous donnons aux chiens tout l'amour, le temps et la place dont nous pouvons nous passer. En retour, les chiens nous donnent tout. C'est la meilleure affaire que l'homme ait jamais faite ». Ne devrions-nous pas à juste titre récompenser les loups en retour ? Il est grand temps que nous leur donnions l'espace et la protection dont ils ont besoin, ainsi que le respect qu'ils méritent en tant qu'ancêtres de nos meilleurs amis.

2. L'énigmatique compagnon de l'homme : le chat

Dans l'une des *Histoires comme ça,* « Le Chat qui s'en va tout seul », Rudyard Kipling raconte comment Chien Sauvage devint le Premier Ami de l'homme et garda l'entrée de la caverne, comment Cheval Sauvage devint le Premier Fidèle et porta l'homme sur son dos et comment Vache Sauvage devint la nourricière du logis. Le plus sauvage de tous les animaux était le chat. Il conclut l'accord suivant : il tuerait les souris, il serait gentil avec les bébés tant qu'ils ne lui tireraient pas la queue trop fort. « Mais il s'en tient à ce marché… et reste le chat qui s'en va tout seul, et tous les lieux se valent pour lui.»

Le chat vit ainsi, la maison est son territoire et il autorise les hommes à le partager. **Les chats vivent en fait une double vie**. À la maison, ce sont des animaux domestiques qui se plaisent à dormir sur des coussins moelleux et à savourer de fines préparations culinaires. Mais, aussitôt le seuil de la porte franchi, ils redeviennent sauvages et libres, tout à fait maîtres de leur indépendance.

On dit que les chats sont les seuls animaux solitaires pouvant être domestiqués. Tous les autres animaux au service des hommes vivent en effet en groupe organisé, au sein d'une bande, d'une harde ou d'un troupeau, et peuvent être capturés facilement. On peut remarquer que l'attitude d'un chat parmi d'autres dans une ferme rejoint celle du lion dans sa bande. Une chatte nourrit et s'occupe de tous les chatons, que ce soient les siens ou non, ainsi que le fait une lionne avec les lionceaux. Quand un jeune mâle prend la tête d'une bande de lions, il tue tous les nouveau-nés engendrés par l'ancien chef. On a observé le même comportement chez les chats de ferme. Nous avons encore beaucoup à apprendre sur la vie secrète des chats. Ils sont peut-être venus dans nos maisons parce qu'ils aiment la sécurité que peut leur offrir un groupe.

Les chats furent domestiqués bien après les chiens, après que les peuplades eurent cessé d'errer et se furent établies pour cultiver la terre. Les chats n'étaient d'aucune utilité aux chasseurs de l'âge de pierre. Mais, dès que les premiers fermiers commencèrent à stocker du grain, ils furent confrontés à un problème que seuls les chats pourraient résoudre : les souris et les rats, les premiers voleurs de récoltes.

En Égypte, où fut inventé le premier silo à grain, il y a environ 4 000 ans, les souris et les rats pullulaient dans les silos. C'était un paradis pour les rongeurs, mais davantage encore pour les chats. Plus d'attente, allongé dans l'herbe, à l'affût d'une proie éventuelle. Il y avait là un festin permanent de souris grasses et bien nourries. Il n'est donc pas étonnant que les *chats sauvages d'Afrique* restèrent si près des campements des hommes ou que les Égyptiens furent enchantés de les avoir à leur disposition.

De même que les loups sont les ancêtres des chiens, **les chats sauvages d'Afrique sont les ancêtres des chats domestiques**. Les chats sauvages africains, qui existent encore actuellement, ressemblent beaucoup aux chats ordinaires des fermes. Ils sont petits et sveltes, avec de longues queues effilées et de grandes oreilles. Certains ont un pelage uni, d'autres ont des taches et d'autres sont rayés. Leur couleur va d'un gris léger ou d'un beige sable à un brun roux.

Bien que d'autres peuples aient pu parfois apprivoiser ou capturer des chats sauvages, ce sont les Égyptiens qui, **les premiers, traitèrent les chats selon les privilèges réservés aux hôtes royaux**. Ils les vénéraient même comme des dieux. Ils adoraient aussi la déesse Bastet qui avait l'apparence d'une chatte au corps de femme. Les Égyptiens pensaient que les chats étaient les messagers de Bastet sur terre et que leurs yeux luisants pouvaient protéger les humains du mal dans l'ombre de la nuit. Les femmes se fardaient alors les paupières afin que leurs yeux soient semblables à ceux des chats. Chaque famille possédait un ou plusieurs chats, et ceux qui vivaient dans les maisons des riches portaient des bijoux et des colliers en or.

À cette époque, en Égypte, une personne encourait la peine de mort si elle tuait ou même blessait un chat. Les chats étaient si précieux que, lorsqu'un feu se déclarait dans une maison, ils étaient les premiers à être secourus. À sa mort, le chat était embaumé et délicatement enveloppé comme une momie et déposé dans un cercueil de bois en forme de chat ou dans un panier tressé. En signe de deuil, tous les membres de la famille se rasaient les sourcils. Dans le temple des chats de la ville de Bubastis, chaque printemps, des milliers de personnes se réunissaient pour honorer la déesse Bastet et les millions de chats qui étaient enterrés à cet endroit.

Les Égyptiens étaient si attachés à leurs chats qu'ils voulaient les garder exclusivement pour eux. Personne n'avait le droit de sortir un chat du pays. Or, dès qu'une chose est interdite, elle devient d'autant plus désirable. Bientôt des chats furent embarqués sur des navires marchands quittant l'Égypte. Il ne fallut pas longtemps pour que les chats prospèrent dans de nombreux pays, ce qui fut aussi une bonne chose, car les rats et les souris s'y multipliaient rapidement, eux aussi. En Inde, en Chine et au Japon, les femmes veillaient à ce que les chats protègent des rongeurs leurs précieux cocons de ver à soie.

Les chats ne furent pas toujours aussi bien accueillis. Si les Égyptiens

La déesse Bastet
© Giraudon

aimaient les chats pour leur indépendance, dans d'autres temps et d'autres lieux, on les considérait comme des créatures sournoises et méchantes.

Il y a environ 800 ans, au Moyen Âge, les choses prirent une mauvaise tournure. La superstition battait son plein. L'Église chrétienne se développait et faisait la chasse aux anciennes croyances. Les chats

autrefois adorés, étaient à présent considérés comme de faux dieux. On les accusait de vivre avec les sorcières, qui les entretenaient comme messagers du diable.

Les gens se mirent à avoir peur des chats, dont les yeux brillaient dans la nuit et dont les cris semblaient presque humains. On ne pouvait avoir confiance en un animal capable de surgir silencieusement ou d'atterrir sur ses pattes si agilement sans se blesser. Pour eux, le chat avait neuf vies ! Les superstitions augmentèrent et une quantité innombrable de chats fut torturée et tuée.

Durant les rudes hivers d'Angleterre, les gens portaient des manteaux de fourrure. Mais, en 1127, l'Église catholique interdit aux religieuses de porter de coûteuses fourrures. Elles durent se vêtir de manteaux en peaux de lapin ou de chat. Cette année-là, un grand nombre de chats fut tué...

Sur l'Île de Man, au large des côtes anglaises, vit le *manx* ou *chat de l'île de Man*, qui a la particularité de ne pas avoir de queue. Les insulaires croyaient que leur chat sans queue était plus intelligent que les autres, mais un roi du pays de

Galles les interdit dans son pays, disant que tous les chats devaient avoir « une queue parfaite ». Il trouvait bizarre des chats sans queue et pensait qu'ils rejoignaient probablement les spectres de la nuit.

Les superstitions ne disparaissent pas facilement, mais elles peuvent évoluer. Aux États-Unis, le jour d'Halloween, la veille de la Toussaint, les enfants et certains adultes se déguisent en sorcières et en chats noirs, dans l'idée de s'amuser.

Aujourd'hui encore, certaines personnes détestent croiser un chat noir, persuadées que cela risque de leur porter malheur. En Angleterre, un chat noir peut être parfois porteur de chance...

Nous savons à présent que les yeux des chats brillent dans l'obscurité parce qu'ils possèdent une couche supplémentaire de cellules qui agit comme un miroir pour réfléchir plus de lumière. Le chat n'est pas capable de voir dans l'obscurité complète, mais, comme tous les chasseurs nocturnes, il voit mieux que nous dans le noir. Ils sont aussi capables de se diriger dans l'obscurité par les sons, les odeurs et le toucher sensible de ses moustaches.

Vingt-quatre moustaches, douze de chaque côté de la tête, en rangée de quatre, sont capables de détecter le moindre mouvement de l'air et d'envoyer au cerveau du chat des informations sur la taille et la forme de chaque objet rencontré sur son chemin.

Nous savons à présent que le chat est capable de retomber sur ses pattes, parce qu'il se retourne pendant sa chute, le dos arqué pour ajouter un effet de ressort à ses pattes étirées. Et aussi qu'il est capable d'apparaître silencieusement parce qu'il marche sur ses orteils délicatement rembourrés. Si nous n'entendons pas de clic-clic sur le sol, c'est parce qu'il rentre ses griffes acérées et recourbées, jusqu'à ce qu'il en ait besoin.

Le chat ne fut pas élevé pour des travaux particuliers comme ce fut le cas du chien. Sa plus grande tâche a toujours consisté à chasser les souris et les rats. Les chats de toutes les races sont de bons souriciers. Pendant plusieurs semaines, quelqu'un a compté les souris tuées chaque jour par un chat qui vivait dans un stade. Il a calculé qu'à ce rythme ce champion aurait tué 12 840 souris en six ans.

Thomas Huxley* plaisantait à moitié lorsqu'il déclarait que **l'Empire britannique devait sa puissance aux chats**. Il disait que les chats vivant dans les fermes et les villages avaient empêché la prolifération des mulots qui faisaient des razzias dans les nids d'abeilles. Or, les abeilles sont les seuls insectes qui assurent la pollinisation du trèfle. Ainsi, le trèfle poussait en abondance dans les prés. Grâce à un régime riche en trèfle, le bétail produisait de la viande très nutritive permettant aux marins britanniques de se maintenir en bonne forme. Ils purent ainsi défendre toutes les nations appartenant à l'Empire britannique de par le monde – tout cela parce que les chats mangèrent les mulots !

Aujourd'hui, il existe **plus d'une centaine de races de chats différentes**. On les classe en quatre grandes catégories : les chats à poils courts, les chats à poils longs et enfin les chats siamois et orientaux. La plupart des chats sont élevés pour leur beauté ou simplement parce que

* Naturaliste britannique (1825-1895) qui s'attacha principalement au problème de l'origine de l'espèce humaine.

ce sont des animaux exceptionnels. Les plus courants sont les « *chats de gouttière* », ces races mélangées que l'on trouve partout.

Fold Écossais

Abyssin

chat nu sphinx

Persan

Le svelte *abyssin*, aux yeux en amande verts ou dorés, ressemble énormément aux chats de l'Égypte ancienne. Il y a des milliers d'années, il serait arrivé d'Abyssinie, un pays d'Afrique devenu aujourd'hui l'Éthiopie.

Un des plus anciens chats à poils longs est originaire de Turquie, c'est le soyeux *angora* dont le nom vient de la capitale, Ankara (anciennement Angora). Vers 1500, les angoras furent importés en Europe, où les gens riches les achetaient très cher pour s'en faire des animaux de compagnie. Peu à peu, la race s'est éteinte. Jusqu'au début du XXe siècle, le mot angora s'appliquait à toutes les races de chat à poils longs de France. Aujourd'hui, il ne désigne plus une race, mais un type de pelage fin et soyeux.

Vers 1600, les premiers colons apportèrent en Amérique des chats à poils courts, car ils étaient de bons souriciers. On trouve beaucoup de types de chats d'Amérique à poils courts. Selon la couleur de leur robe, on les appelle tabbies ou marbrés, chats écaille-de-tortue ou calicos.

Le chat *persan*, aux longs poils soyeux, est un des animaux familiers favoris parce qu'il adore être dorloté. Il est issu du croisement entre le chat à poils longs de Perse (aujourd'hui l'Iran) et le chat angora pelucheux de Turquie.

Il y a des centaines d'années, les délicats *siamois*, le plus connu des chats à poils courts, aux yeux bleus gardaient le palais du roi de Siam (aujourd'hui la Thaïlande). Ces chats intelligents et athlétiques étaient entraînés à arpenter le faîte des murs du palais et à sauter sur le dos de quiconque essayait d'y pénétrer par effraction. Depuis son arrivée en Europe et en Amérique, le siamois n'a plus été employé comme gardien, mais il est amoureux de ses maîtres et le plus rapide des chats.

Maine Coon

Angora

Siamois

Tabby

Beaucoup pensent que le *chat maine coon* est issu du croisement entre un chat et un raton laveur, mais il n'en est rien. Il provient du métissage entre le doux angora et certains chats à poils courts venus de Nouvelle-Angleterre avec les premiers colons au temps des Pèlerins. Le maine coon est grand et musclé et sa fourrure est à poils rudes.

Le *scottish fold* est un bon exemple de création de race. En 1961, une petite chatte nommée Susie naissait dans une ferme d'Écosse. Susie avait subi une mutation : l'une de ses oreilles était repliée vers le bas comme une petite casquette. Devenus adultes, certains des chatons à qui elle donna naissance eurent aussi les oreilles tombantes. Les chats aux oreilles pliées furent ensuite sélectionnés pour continuer une lignée de chats ayant cette particularité.

Dans les années 1960, en Californie, est apparu un chat très particulier appelé *ragdoll* qui signifie « poupée de chiffons ». Ce chat est si calme et si gentil que, lorsqu'on le prend dans ses bras, il se laisse aller, aussi mou qu'une poupée de chiffons, les pattes pendantes. Il est tellement doux qu'il ne se protège pas lorsqu'un chien ou un autre chat l'attaque. C'est pourquoi il a besoin en permanence de l'amour et de la protection de son propriétaire.

Une autre race étrange des années 1960 est celle du *chat sphynx* originaire du Canada. Il est aussi appelé le chat nu canadien, et parfois chat lune. Il n'a ni moustaches, ni sourcils, ni pelage, à l'exception de quelques poils duveteux sur la figure.

Un chat comme le sphynx ou le ragdoll ne pourrait probablement pas survivre seul. Il est si différent du chat sauvage d'origine, qu'il peut uniquement vivre comme un animal domestique. Ces races étranges semblent avoir perdu la liberté du « chat qui s'en va tout seul ».

Il y a 58 millions de chats de compagnie en Amérique et près de **8 millions en France.** Les gens dépensent plus d'argent pour leur nourriture que pour celle des bébés. L'une des raisons pour lesquelles le chat est le numéro un des animaux de compagnie aujourd'hui tient à l'indépendance qu'il sait parfaitement gérer. À partir du moment où il dispose d'une litière, de nourriture, d'eau et d'un coin confortable pour faire la sieste, un chat est satisfait de rester seul pendant que les adultes vont travailler et que les enfants sont à l'école. Près de 24 % des foyers français possèdent un chat.

En contrepartie de leur indépendance, **les chats sont fidèles et courageux**. On ne compte plus les cas où ils ont protégé la maison et averti « leur » famille en cas d'incendie. Ainsi, chaque année aux États-Unis, la Fondation Latham de Californie décerne des médailles aux animaux qui se sont comportés en héros. Shade McCorkle, un chat tigré, sans pedigree, a gagné une médaille d'or pour avoir protégé sa maîtresse de quatre-vingt-huit ans d'un cambrioleur. Shade faisait la sieste sous une couverture du lit de sa maîtresse, lorsqu'un homme est entré par effraction et a demandé à Mme Mitchellson son argent et ses bijoux. Comme elle refusait de répondre, le cambrioleur l'assomma. Le chat se précipita sur l'homme en poussant un cri à glacer le sang et lui taillada le visage avec ses dents et ses griffes. Celui-ci réussit à se dégager. Mais Shade s'élança une seconde fois sur lui, le griffa et le mordit de nouveau, avec la furie de son ancêtre africain, le chat sauvage. Finalement, le voleur, couvert de sang, jeta l'animal contre une table et s'enfuit. Le chat eut de sévères contusions, mais sa maîtresse était saine et sauve.

Comme le « Chat qui s'en va tout seul » de Kipling, **les chats ont respecté leur accord avec les hommes**. Ils sont à la fois domestiques et sauvages. Quelqu'un a dit un jour que Dieu avait créé le chat simplement pour que l'homme puisse avoir le plaisir de caresser le tigre.

Qui attrapa le chat ? Probablement personne. Les chats se sont invités eux-mêmes dans nos maisons, mais ils sont bien plus que nos hôtes. Comme les chiens, ils sont devenus des membres à part entière de la famille.

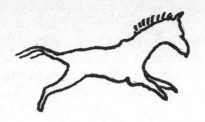

3. La plus noble conquête de l'homme : le cheval

Par une chaude après-midi de septembre 1940, quatre jeunes garçons se promenaient sur les falaises escarpées et accidentées, près de leur village du sud-ouest de la France. Ils marchèrent jusqu'au Trou de l'âne, une petite crevasse dans un pré, dans laquelle un âne avait disparu quelques années plus tôt. Alors qu'ils se rapprochaient d'un versant appelé Lascaux, l'aîné siffla son petit terrier, mais le chien ne répondit pas à son appel. Après une heure de recherche, le garçon décida de retourner au Trou de l'âne. Lorsqu'il l'appela dans l'étroit et sombre trou, l'écho de son chien qui aboyait beaucoup plus bas se fit entendre.

Le chien ne pouvant sortir du trou, les jeunes gens descendirent à quatre pattes le chercher. Ils se retrouvèrent alors dans une grotte que personne n'avait visitée depuis des milliers d'années. Le lendemain, ils retournèrent au Trou de l'âne avec des cordes et des lampes pour poursuivre l'exploration. Et ils découvrirent ainsi la Grande Salle des Taureaux : une immense pièce s'ouvrant sur plusieurs galeries aux parois recouvertes de peintures. Des taureaux sauvages, plus grands que dans la réalité, couraient parmi des chevaux et des cerfs. Chaque animal avait été dessiné au trait noir épais, et soigneusement détaillé pour les muscles et les sabots. Chaque robe était d'une couleur blanche, brune, rouge ou jaune si vive qu'elle paraissait fraîchement peinte.

Des artistes créèrent en fait ces magnifiques peintures des grottes de Lascaux il y a environ 30 000 ans. Les hommes préhistoriques utilisaient les grottes pour célébrer leurs chasses, des lieux aussi sacrés à leurs yeux que le sont pour nous nos églises et nos temples.

Le cheval représenté sur les murs de la grotte est un animal brun-roux, petit, robuste, aux pattes noires et à la crinière en brosse, épaisse et taillée. Ce « **poney de l'homme des cavernes** » est le grand-père de tous les chevaux que nous connaissons aujourd'hui. On l'appelle le *cheval de Prjevalski*, du nom d'un explorateur russe, Nikolaï Prjevalski, qui voulait être le premier Européen à pénétrer la cité interdite de Lhassa au Tibet. Il n'y parvint jamais, mais, de ses expéditions, il rapporta 900 différentes sortes de plantes et plusieurs animaux encore inconnus en Europe. En 1885, lors de son dernier voyage à travers le désert de Gobi en Mongolie, il vit plusieurs troupeaux de chevaux sauvages qui s'éloignèrent en galopant avant qu'il ait le temps de les rattraper. Il acheta le crâne et la peau de l'un d'eux et les rapporta dans un musée russe. De nos jours, cette race de cheval n'existe plus à l'état sauvage, elle perdure cependant dans certains zoos...

Le cheval de Prjevalski et un proche cousin, appelé le tarpan, galopèrent en troupeaux à travers toute l'Europe et l'Asie centrale, de la toundra plate et glacée jusqu'aux forêts et aux côtes chaudes de la mer. Comme nous le dévoilent les scènes de chasse en peinture murale, les hommes de l'âge de pierre chassaient les chevaux sauvages pour leur viande et leur peau. Ils gardaient certainement quelques chevaux dans des enclos afin de disposer de viande fraîche. Leurs chiens devaient les aider à guider à travers d'étroits ravins des troupeaux sauvages entiers jusqu'à des canyons ou des goulets sans issue qui pouvaient être facilement clos comme des corrals. Il est en

réalité plus simple de s'occuper de chevaux que de bétail ou de moutons exigeant d'être nourris en hiver. Les chevaux savent s'assumer, même par de basses températures : ils raclent la neige avec leurs sabots afin de trouver leur subsistance.

Personne ne sait exactement à quel moment les hommes se mirent à utiliser les chevaux pour autre chose que des vêtements et de la nourriture. Il est possible qu'un poulain ait été séparé de son troupeau et que l'homme ait réussi – plus facilement que s'il s'était agi d'un adulte – à l'apprivoiser et à l'élever. Celui qui s'est assis le premier sur le dos d'un cheval n'aurait jamais pu deviner combien il allait changer la civilisation. Les chiens ont donné leur amitié aux hommes, mais les chevaux leur ont apporté la vitesse et la puissance. On a dit des chevaux qu'ils étaient « la plus noble conquête de l'homme ».

Les premiers cavaliers montaient les chevaux à cru. Les selles n'avaient pas encore été inventées, pas plus que les harnais, les brides ou les mors. Le cavalier se cramponnait à la crinière du cheval et avait peu d'influence sur sa course. Un animal emballé ne s'arrête pas lorsqu'on tire sur sa crinière ! C'est pourquoi l'homme eut ensuite l'idée de mettre une lanière en cuir autour du cou du cheval. Mais si un cavalier tirait trop fort sur la lanière, le cheval pouvait suffoquer. Qu'est-ce qui aurait pu attirer assez vite l'attention du cheval pour le forcer à s'arrêter lorsque le cavalier le désirait ? Quelqu'un d'intelligent inventa le mors qui se place entre les dents de devant et les molaires arrière du cheval. Le premier mors était en os ou en bois de cervidés. Il était fixé aux rênes de manière à écraser les tendres lèvres de l'animal lorsque le cavalier tirait fort dessus. Le cheval mit peu de temps pour apprendre à s'arrêter dès qu'il sentait une saccade des rênes.

Les archéologues ont tout d'abord cru que les chevaux avaient tiré des charrettes et des chars bien avant que quiconque ait réussi à les monter. Autrefois, on considérait qu'un mors en métal vieux de 2 500 ans, retrouvé dans la vieille cité d'Athènes en Grèce, était la plus ancienne preuve de la monte d'un cheval. D'autres objets façonnés prouvaient que les chevaux avaient été utilisés pour tirer des chars longtemps auparavant – vers 2 000 av. J.-C. Mais il y a un peu plus de vingt ans, des savants soviétiques ont retrouvé des objets datant de 3 000 à 4 000 ans av. J.-C. : une petite représentation sculptée d'une tête de cheval portant une bride, ainsi que des morceaux de bois de renne qui semblaient avoir été utilisés comme mors pour un cheval.

Deux archéologues américains furent intrigués par la découverte des savants soviétiques. Il leur semblait qu'il avait dû être plus facile d'apprendre à monter les chevaux que d'inventer la roue et le char. Ils découvrirent qu'en observant les dents d'un cheval on pouvait savoir s'il avait été monté. En effet, lorsque le cheval serre **un mors** dans sa mâchoire, celui-ci laisse une marque sur ses dents. Le docteur David Anthony et Dorcas Brown examinèrent les dents de 4 000 chevaux enterrés depuis des milliers d'années. Dans un musée de Kiev, en Ukraine, ils trouvèrent enfin ce qu'ils cherchaient : une dent portant l'empreinte d'un mors. Ce cheval avait bien été monté, il y a 6 000 ans.

Est-il vraiment important de savoir à quelle époque l'homme commença à monter à cheval ? Les archéologues le pensent, car **la monte des chevaux a radicalement changé le mode de vie des hommes**. À partir de ce moment-là, les hommes purent se déplacer plus vite et plus loin, ils changèrent leur manière de combattre leurs ennemis, de faire du commerce et aussi leurs lieux d'habitation.

L'invention de la selle et des étriers marqua un tournant décisif dans la technique de monte des chevaux. **Les premières selles** étaient placées sur le dos du cheval, comme sur le dos d'un chameau, sans étriers pour les pieds. Les modèles de selles évoluèrent selon les besoins des cavaliers. Au Moyen Âge, lorsque les chevaliers montaient avec de lourdes armures étincelantes, leur selle était un siège profond, capable de supporter un homme vêtu d'un habit de métal de 180 kilos. Aujourd'hui encore, les cow-boys qui passent leurs journées à cheval ont besoin de selles confortables dotées d'une poignée pratique pour y attacher une corde. En revanche, les jockeys utilisent des selles les plus petites possibles afin que leurs chevaux de course ne soient pas ralentis par un poids supplémentaire.

Les soldats à cheval pouvaient facilement dépasser les fantassins. Au XIIᵉ siècle, les Mongols d'Asie centrale, qui étaient de courageux combattants, inventèrent les étriers pour pouvoir se tenir debout lorsqu'ils chargeaient leurs ennemis avec des lances ou des cimeterres tranchants et recourbés. La plupart des soldats des armées de la Grèce antique et de Rome n'avaient pas besoin de chevaux, car la majorité des batailles qu'ils livraient était contre des enceintes fortifiées. Mais leurs généraux et leurs officiers étaient à cheval. Un beau cheval bien entraîné représentait un symbole de pouvoir. Un homme considérait comme un honneur de sacrifier un étalon blanc de pure race aux dieux de la Grèce antique. Les cavaliers d'aujourd'hui se conforment toujours aux instructions de base d'équitation édictées en Grèce il y a 2 400 ans.

Guillaume le Conquérant envahit l'Angleterre avec des soldats à cheval en 1066. Par la suite, les Anglais commencèrent à élever de puissants destriers capables de porter un homme avec son armure complète. Mais au XIIe siècle, lorsque les armées commencèrent à utiliser des canons, ces énormes chevaux d'armes devinrent inutiles. Il fallait aux guerriers des animaux plus lestes et plus rapides.

Certains des meilleurs chevaux vinrent d'Arabie. Les Arabes étaient célèbres parce qu'ils élevaient des chevaux intelligents à la robe luisante et au corps robuste et élancé. Lorsque les chevaliers anglais parcoururent le Moyen-Orient pendant les croisades, ils ramenèrent en Angleterre quelques-uns de ces chevaux. Ceux-ci furent croisés avec des chevaux anglais pour donner naissance aux chevaux de course, appelés *pur-sang*.

L'ancêtre préhistorique du cheval, qui avait la taille d'un chien, vivait sur le continent nord-américain, mais il s'éteignit des millions d'années avant qu'un homme ne vienne s'y installer. Le premier cheval « moderne » posa le sabot en Amérique du Nord en 1519, lorsque Hernán Cortés débarqua de son bateau en provenance d'Espagne onze étalons, cinq juments et un poulain né à bord. Les indigènes furent stupéfaits de découvrir ces « chiens du ciel », aussi vifs que l'éclair.

Les Espagnols partirent à la conquête de nouveaux territoires aussi vite qu'ils le purent et, en 1540, Francisco Coronado se dirigea vers le nord dans le Nouveau-Mexique avec 245 chevaux. Il recherchait de l'or mais fit la découverte du grand canyon. Il poursuivit sa route à travers ce qui est aujourd'hui le Texas, puis l'Oklahoma et le Kansas.

Lors de l'expédition, certains chevaux s'égarèrent. Ce sont les ancêtres des *mustangs sauvages* qui errent encore de nos jours dans l'Ouest américain. À une époque, ces mustangs furent plus de 2 millions, aujourd'hui ils sont seulement un peu plus de 20 000. Leurs territoires ont été réduits par les éleveurs de bétail, qui avaient besoin de pâtures, et des milliers de chevaux ont été transformés en nourriture pour chiens.

Au XVᵉ siècle, les Indiens des plaines de l'Ouest capturèrent suffisamment de ces chevaux sauvages pour fonder une race qui convenait à leur mode de vie au grand air. Ils voulaient des chevaux rapides, robustes, et c'est ainsi qu'ils créèrent la race des poneys indiens, ou *appaloosa*.

Les *poneys chincoteague de l'île d'Assateague*, en Virginie, sont des animaux retournés à l'état sauvage. Leurs ancêtres se trouvaient à bord de navires espagnols en route pour le Nouveau Monde lorsqu'une terrible tempête éclata. Certains poneys parvinrent à se sauver en nageant jusqu'à cette île et y vécurent depuis lors.

D'autres chevaux partirent au XVIᵉ siècle en Australie avec les premiers colons européens. Certains s'égarèrent et leurs descendants sauvages s'appellent des *brumbies*.

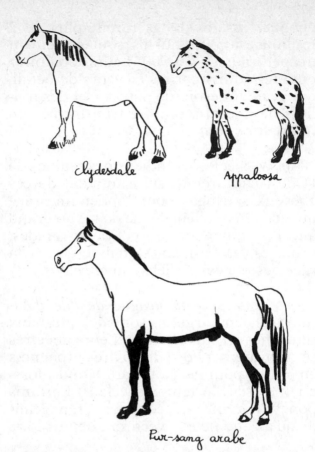

Clydesdale

Appaloosa

Pur-sang arabe

À la naissance des États-Unis, les propriétaires des immenses plantations de
tabac du Maryland et de Virginie étaient
très fiers de leurs chevaux de selle. Du
haut de son cheval, un propriétaire pou-

vait facilement surveiller ses champs et ses esclaves. Pour se distraire, ces propriétaires faisaient la course sur une distance d'un quart de mile (soit 400 mètres environ). Les bêtes les plus rapides au départ pour ces sprints de courte distance furent appelées *quarter horses*. Un pur-sang nommé Janus, arrivé d'Angleterre en Virginie en 1756, est l'ascendant d'un bon nombre des chevaux de course américains actuels.

Les colons hollandais importèrent de puissants chevaux de labour pour les fermes du nord-est des États-Unis. Les *clydesdales*, les *percherons*, les *shires anglais* et les *chevaux de trait belges* furent employés pour labourer, moissonner ou pour tirer d'immenses charrettes sur les marchés. Ils ont été remplacés par les tracteurs et les camions, si bien qu'aujourd'hui ces chevaux ne portent leurs harnais décorés que lors de parades, à l'occasion des foires locales.

Les chevaux et les bœufs aidèrent les pionniers à repousser les frontières des États-Unis vers l'ouest. Les bœufs tiraient des chariots couverts, les chevaux transportaient le courrier ou étaient attelés aux diligences.

Les cavaliers du Pony Express transportaient le courrier de Saint Joseph, dans le Missouri, jusqu'à Sacramento, en Californie. Il leur fallait environ dix jours pour parcourir cette route longue de 2900 kilomètres. Les cavaliers s'arrêtaient dans des relais pour changer de monture lors des haltes, six à huit fois en chemin. Ils sautaient d'un cheval fatigué sur une monture fraîche, déjà sellée et prête à partir. Le Pony Express fut en service entre août 1860 et octobre 1861. Il cessa quand se développa le premier système télégraphique d'une côte à l'autre.

La compagnie Wells Fargo gérait les **diligences conduites par des attelages de chevaux** frais attendant dans les relais, le long de la route difficile conduisant du Missouri à la côte Ouest. Cette compagnie débuta comme banque qui convoyait de l'or, pendant la Ruée vers l'or de Californie, mais en 1855 elle étendit son activité au transport des voyageurs. En 1869, une fois le premier chemin de fer transcontinental achevé, les diligences commencèrent à disparaître.

Les chevaux restèrent nécessaires, même en ville. Avant l'invention des camions et des automobiles, tous les moyens de transport de marchandises et de passagers, tels les ambulances, les voitures de pompiers ou les corbillards, étaient tirés par des chevaux. Le lait, le pain et les pains de glace étaient livrés à domicile dans des voitures à cheval. Les chevaux de livraison connaissaient la route, ils n'avaient pas besoin d'être guidés par le conducteur. Ils s'arrêtaient et redémarraient des dizaines de fois par jour. Dès que le laitier avait livré sa marchandise chez un client, le cheval se remettait automatiquement en route jusqu'à la maison du client suivant. Il semble qu'il y avait à cette époque un cheval pour chaque tâche, mais aujourd'hui posséder un cheval est devenu un luxe.

Être propriétaire d'une écurie de chevaux de course est plus qu'un luxe, cela devient une affaire.

Les premières courses de chevaux ont fait leur apparition en France vers 1730 à l'occasion de foires et de fêtes locales à Semur-en-Auxois. Sous Louis XIV, les courses prennent de l'importance dans le cadre de paris qui se jouent sur des dis-

tances de parfois 60 kilomètres. La première course officielle eut lieu en 1788.
On décerne alors le prix du plateau du
Roi pour 3 000, 4 000 mètres aux juments
françaises et étrangères.

cheval de selle

quarter horse

cheval de course

Les courses de chevaux se développèrent aux États-Unis jusqu'en 1802, année
où tous les champs de courses du nord du
pays durent fermer à cause de certaines

congrégations religieuses qui pensaient que personne n'avait le droit de parier sur des chevaux de course. Par la suite, les courses d'attelage devinrent à la mode. Dans ce sport, un cheval trotte l'amble ou est attelé à une petite voiture, appelée sulky, conduite par un jockey. Certains membres de ces mêmes communautés religieuses qui s'étaient opposées aux courses de plat prétendaient qu'un cheval au trot ne courait pas vraiment puisqu'il n'allait pas aussi vite qu'il le pouvait. De nos jours, les champs de courses sont ré-ouverts, les paris sont permis et les cour-ses d'attelage sont toujours populaires.

Aux États-Unis, la communauté amish utilise toujours des véhicules tractés par des chevaux et nous continuons, d'une certaine manière, à honorer ces derniers lorsque nous mesurons la puissance du moteur de nos automobiles en chevaux-vapeur.

La police montée de certaines villes américaines et anglaises continue à sur-veiller les défilés et la circulation du haut de leurs chevaux bien entretenus. Mais les soldats ont cessé de combattre à che-val. Les soldats à cheval sont des gardes d'honneur lors des fêtes et des grandes occasions, comme la Garde républicaine à Paris.

Le cheval sans cavalier, avec des bottes placées à l'envers dans les étriers, représente un héros mort pour son pays. Lorsque le président John F. Kennedy fut assassiné, un cheval sans cavalier fut conduit au cimetière national d'Arlington.

La dépouille de Martin Luther King, combattant pour l'intégration des Noirs dans la société américaine, fut conduite au cimetière dans un corbillard tiré par des mules. Le garde d'honneur expliqua à l'assistance qu'on avait voulu ainsi rappeler symboliquement ses ancêtres qui travaillaient à l'aide de mules, tandis que leurs propriétaires montaient de super-bes chevaux.

Les mules ne sont pas des animaux sauvages qui auraient été domestiqués. Leur race a été créée par les hommes d'un croisement entre une jument et un âne. Ce dernier, robuste et courageux, portait des gens sur son dos bien avant qu'on ait réussi à monter un cheval.

Il y a plus de 6 000 ans, des peuples nomades chassaient les petits ânes sauvages d'Afrique du Nord pour se nourrir. En Chine et au Moyen-Orient, la peau des ânes était utilisée pour confectionner de fins parchemins sur lesquels on pouvait écrire. Les premiers ânes furent domestiqués par les Nubiens, ancêtres des Égyptiens.

Au XIVe siècle, lorsque les conquistadores espagnols prirent possession de l'Amérique du Sud, ils emmenèrent avec eux des ânes comme bêtes de somme. Les ânes avaient le pied sûr dans les hautes montagnes des Andes et ils y sont toujours utilisés. Il n'y a pratiquement pas d'endroit sur terre où l'âne ne soit pas présent – sauf peut-être dans les froides régions polaires...

Les ânes travaillent partout, que ce soit en tirant des wagonnets dans les mines de charbon ou de diamants, ou en promenant des enfants ou des touristes. Ils sont capables de transporter de lourdes charges et de travailler de longues heures durant, mais ils ont la réputation d'être têtus. Ils rechignent lorsqu'ils sont fatigués ou maltraités.

Les mules sont aussi des animaux courageux. Leurs propriétaires affirment qu'elles sont plus intelligentes et plus fortes que les chevaux ou les ânes. Et c'est tout à fait possible, car elles ont la chance d'avoir hérité du meilleur du cheval et de l'âne. Leur mère est une jument alors que leur père est un âne. Le croisement des premiers ânes et chevaux a peut-être eu lieu par hasard. Ils devaient paître ensemble et certains se sont accouplés. On fait déjà mention des mules dans la Bible, ce qui signifie qu'elles sont sur terre depuis au moins 2 000 ans. Aux États-Unis, on a pratiqué l'élevage de mules pour qu'elles travaillent dans les champs de coton du Mississippi, les plantations de Louisiane et les mines de charbon de la Virginie de l'Ouest.

Chaque fois qu'un fermier désire avoir un mulet, il doit faire couvrir une jument par un âne, appelé aussi *baudet*. Bien que les chevaux et les ânes soient parents, ce sont deux espèces différentes, de même que les lions et les tigres sont deux espèces de félins. Si un lion (ou une lionne) et une tigresse (ou un tigre) s'accouplent, leur bébé est un tigron (ou un tiglon). Mais un tigron met fin à la lignée, car il est stérile. Il ne peut pas se reproduire. Il en est de même pour les mulets.

Si on devait choisir un symbole de la domestication des animaux, ce serait certainement la mule. On devrait peut-être l'appeler « la plus glorieuse œuvre animale de l'Homme ».

4. Les fidèles et l'éternel indépendant : le renne, la chèvre, et le mouton

Le renne

Des milliers de rennes grondent à la force du tonnerre en dévalant une pente du continent arctique. Serrés les uns contre les autres comme des moutons, les rennes traversent l'immensité glacée, leurs sabots claquant telles des articulations brisées. Leurs grands bois s'agitent et s'entrelacent comme des branches dénudées dans la brise. Si quelques rennes s'éloignent, deux petits chiens noirs leur courent après et leur mordent les pattes jusqu'à ce qu'ils rejoignent le troupeau. Un Lapon à ski les précède et deux skieurs les suivent. Les bergers viennent de leur territoire situé à 160 kilomètres du cercle arctique. Ils ont des skis moins précaires que leurs prédécesseurs du siècle dernier, mais leur travail diffère peu.

Dans la région de l'Arctique, appelée Laponie, **les rennes font à la fois le travail des chèvres, des moutons, des vaches et des chevaux**. La Laponie n'est pas un pays en soi. Elle est constituée des côtes du nord de la Suède, de la Norvège, de la Finlande et de la C.E.I. C'est une rude contrée pour ceux qui y vivent. La nuit occupe deux mois entiers de l'hiver qui dure neuf mois. Le soleil ne se couche pas pendant deux mois en été. Mais les rennes s'accommodent bien de ce pays désertique et glacé.

Un renne n'est pas plus grand qu'un poney. Ses pieds, larges comme des raquettes, et les deux bosses, en forme de griffes, derrière ses sabots l'empêchent de s'enfoncer dans les marais et les congères. Le cliquetis émis par ses sabots est provoqué par le mouvement de ses ligaments. Le renne tient la tête basse, comme l'élan. Le mâle et la femelle possèdent tous deux de longs bois aux nombreuses ramifications. Ces bois ne sont pas creux et permanents comme les cornes. Ils sont pleins et ils tombent chaque année. Aussi, n'avons-nous pas à les tuer pour nous procurer leurs bois. Une partie de ces bois poussent bas sur le front, protégeant ainsi le museau et le crâne, tel un bouclier.

Les rennes se déplacent selon les saisons. Les femelles partent les premières vers les lieux de vêlage, où elles mettent bas chaque printemps. Les mâles les suivent quelques jours plus tard. Rien ne peut les arrêter. Ils peuvent traverser des rivières en furie et marcher sur la glace. Les rennes migrent sur une plus longue distance que n'importe quel autre mammifère terrestre.

Les rennes d'Amérique du Nord, appelés caribous, parcourent chaque année, en troupeaux d'au moins 20 000 bêtes, 2 300 kilomètres selon un itinéraire circulaire. En automne, ils partent de la toundra du cercle arctique pour descendre vers la lisière des forêts canadiennes, et reviennent à leur point de départ au printemps. Ils broutent des feuilles dans les forêts, le lichen spongieux de la toundra gelée et des algues sur les côtes de l'Océan arctique. Ils effectuent le même parcours depuis des milliers d'années. Les hommes, ne pouvant modifier leur transhumance, les suivirent.

L'ère glaciaire, période pendant laquelle les glaciers recouvraient la majeure partie de l'Europe, est parfois connue sous le nom de l'**ère du Renne**. Cent vingt et une des images, dessinées à cette époque sur les murs des grottes en France, représentent des rennes. Les hommes d'alors se nourrissaient de viande de renne dont ils transformaient la peau en tentes et en vêtements à l'épreuve des intempéries. Ils sculptaient de magnifiques dessins sur des couteaux, des objets et des bijoux, tirés de leurs bois. Les chasseurs les piégeaient souvent en se déguisant. Un homme, qui portait la peau et les bois d'un renne, pouvait s'approcher en rampant suffisamment près du troupeau, de la même façon que procédaient les Indiens des plaines d'Amérique lorsqu'ils chassaient les bisons. Si un chasseur tuait une femelle, il pouvait capturer son petit et l'élever. Il pouvait aussi les attirer avec du sel, dont ces animaux raffolent, ou les tromper avec de la nourriture. Petit à petit, les hommes apprivoisèrent quelques rennes.

Lorsque le climat se réchauffa et que les couches de glace eurent fondu, **les rennes se sont retirés vers le nord**. Les habitants des pays nordiques ont habitué ces animaux à porter des harnais et à tirer des traîneaux. Ils buvaient du lait de renne et faisaient aussi du fromage et du beurre. Ils continuent d'ailleurs de nos jours. Un guide lapon, qui promenait des touristes en traîneau halé par des rennes, disait : « Nous consommons de la viande de renne, comme vous celle du bœuf. Nous en faisons nos steaks et nos hamburgers. »

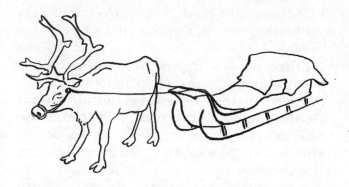

En Norvège, des publicités vous informent que la viande de renne a « le goût noble de la nature sauvage ». Mais, comme le souligne un article de presse : « De nos jours, il n'y a rien de particulièrement noble à propos de la chasse aux rennes, dans les régions arctiques de la Norvège. » Les temps changent. Certains bergers mènent toujours leurs rennes au même endroit au moment de la repro-duction, et les propriétaires identifient encore leurs bêtes en vérifiant les tatouages qu'elles ont dans les oreilles. Mais la plupart d'entre eux, pressés d'apporter leurs animaux sur les marchés, les entassent dans des motoneiges ou dans des hélicoptères. Certaines bêtes meurent d'épuisement et les vétérinaires affirment que le stress leur provoque des ulcères. Elles sont affaiblies et deviennent ainsi la proie des parasites et des maladies.

Lorsque les troupeaux de caribous d'Amérique du Nord commencèrent à disparaître en 1891, **le gouvernement américain décida d'importer des rennes de Sibérie** pour en faire l'élevage. Ils furent envoyés en Alaska avec quelques bergers lapons pour apprendre aux Esquimaux à s'en occuper. Le troupeau, après avoir culminé en 1940 à 250 000 bêtes, retomba dix ans plus tard à 25 000. Certains accusèrent les loups. Quelques rennes s'égarèrent et se mêlèrent aux caribous de la région, en proche migration. D'autres personnes attribuèrent la diminution du nombre des rennes au manque d'intérêt des Esquimaux, qui se refusaient à revenir à l'ancienne vie de berger.

À peu près à la même époque, des représentants du Michigan décidèrent d'installer des rennes dans la péninsule supérieure de leur État, près de la frontière canadienne. Ils proposèrent d'acheter des troupeaux d'Alaska, mais le prix de 600 dollars (soit 3 000 francs) par bête était trop cher. Au lieu de cela, le Michigan acheta 60 rennes à la Norvège et loua les services de deux bergers lapons. En moins de cinq années, les rennes avaient disparu, à l'exception d'une vieille femelle qui fut abritée au zoo de Bell Isle aux États-Unis.

Bien que le renne ait été employé comme animal domestique pendant des milliers d'années, **il a très peu changé**. Certains fournissaient du lait, d'autres de la viande, mais malgré cela il n'en existe qu'une petite variété de tailles et de couleurs. Les rennes n'ont pas eu à changer pour satisfaire les besoins des hommes, car ce sont ces derniers qui se sont adaptés aux habitudes de vie de ces animaux.

La chèvre

En revanche, le mouton et la chèvre ont beaucoup évolué depuis qu'ils furent domestiqués, à peu près à la même époque que le renne.

Il existe plusieurs sortes de chèvres de montagne, comme le *bouquetin* et le *markhor* des Indes. L'ancêtre de la chèvre domestique est une espèce officiellement connue sous le nom de *chèvre égagre* ou *chèvre à bézoard*. Ces chèvres vivent dans les îles grecques et dans une région qui s'étend aujourd'hui de l'Iran à l'Irak. Elles ont d'immenses cornes recourbées en arrière. Les mâles, appelés boucs, ont des barbiches ; on dit d'ailleurs des hommes qui ont une petite barbe en pointe qu'ils portent un bouc.

Les chèvres et les boucs ont des sabots faits pour grimper. Ils bondissent des pentes escarpées, comme si leurs pieds possédaient des ventouses. Ce qui est assez exact. La base de leurs sabots est incurvée et entourée d'une arête vive qui s'adapte fermement à presque n'importe quelle surface. Les chasseurs parvinrent difficilement à traquer ces bêtes sur les saillies à pic des rochers. Mais ils pouvaient poursuivre un troupeau à flanc de montagne, car ils savaient qu'il y avait toutes les chances pour qu'une des bêtes se tue en tombant dans la vallée en contrebas. Avant l'invention des fusils, les chevaux, les bisons et beaucoup d'autres animaux furent capturés de cette façon.

La réelle domestication des chèvres a commencé il y a environ 7 000 ans. Les hommes s'aperçurent que les chèvres suivaient un chef de bande et qu'on pouvait faire avancer un petit troupeau avec l'aide d'un chien. Lorsqu'une tribu campait près d'un point d'eau, quelques bergers suffisaient à empêcher les chèvres de trop s'éloigner. On a surnommé la chèvre la « vache du pauvre » parce qu'elle pouvait donner un lait riche, sans avoir besoin de grands pâturages, contrairement à la vache. Dans les dessins animés, les chèvres mangent n'importe quoi, depuis les boîtes de conserve jusqu'aux chaussures ; en réalité, elles sont plus sélectives. Elles broutent des arbustes et sautent même sur les basses branches des arbres, pour atteindre les feuilles les plus tendres. Les archéologues disent qu'il y a 6 000 ans environ, dans certaines régions, les chèvres qui venaient d'être domestiquées avaient détruit tant d'arbres et d'arbustes que les hommes n'avaient plus de bois pour se chauffer. C'est ce qui incita certaines peuplades à continuer de voyager plutôt qu'à s'établir.

Aux premiers jours de la civilisation, **les chèvres servaient pour les cérémonies et les sacrifices**. Imaginez-vous à une époque où une éclipse totale du soleil, par exemple, pouvait être ressentie comme le châtiment d'un dieu en colère. Mais si les hommes tuaient un animal sans le manger ou sans utiliser une partie de son corps, les dieux, qui étaient maîtres de leurs vies, pouvaient accepter ce sacrifice comme une offrande. Un dieu satisfait pouvait envoyer la pluie au lieu de la sécheresse, de bonnes récoltes plutôt que la disette, la santé à la place de la maladie.

Bien sûr, toutes les chèvres n'étaient pas utilisées pour les sacrifices. **Il y a 5 000 ans, les Égyptiens tannaient les peaux de chèvre** pour en faire du cuir, comme nous le prouvent les morceaux toujours souples retrouvés dans les pyramides. De nos jours encore, certains bergers remplissent des gourdes en peau de chèvre pour transporter du vin ou de l'eau. Les cornes et les os furent transformés en couteaux, outils, coupes et bijoux.

Les chèvres furent aussi connues pour leurs vertus médicinales. On prétendait que leur sang guérissait les callosités des pieds et on portait des anneaux en corne de chèvre pour se protéger de la maladie. Mais la chèvre était très appréciée pour les « pierres » de son estomac, appelées *bézoards*, ou *ægagropiles*. Ce sont des billes de poils solidement emmêlés. En effet, lorsqu'une chèvre se lèche, elle avale les poils morts qui s'accumulent dans son estomac. Ces concrétions non digérées restent dans son estomac, où elles sont brassées jusqu'à devenir polies et dures comme des pierres. Aujourd'hui encore, certaines personnes croient qu'elles peuvent guérir du cancer ou d'autres maladies.

Les chèvres furent facilement domestiquées. Elles peuvent être aussi amicales que les chiens, et aiment suivre les hommes. Une ou deux chèvres suffisent à fournir en lait et en fromage une famille entière. Quel que soit l'endroit où les gens s'établissaient, les chèvres les accompagnaient. Elles étaient assez petites et résistantes pour traverser les océans, et elles se répandirent bientôt sur toute la surface du globe.

Le capitaine Cook débarqua les premières chèvres à Hawaii en 1778. Deux chefs hawaïens se disputèrent la propriété de ces bêtes. Comme ils ne purent se départager, ils les tuèrent. Quelques années après, le capitaine Vancouver apporta d'autres chèvres.

Certaines de leurs descendantes retournèrent à l'état sauvage. Ces chèvres sauvages ont d'ailleurs pratiquement détruit certaines plantes originaires d'Hawaii. Puisque aucun animal n'avait brouté ou pâturé sur ces îles, les plantes qui y étaient implantées n'avaient pas eu besoin de développer de défenses, comme des épines ou des feuilles vénéneuses.

Le même phénomène se produisit dans l'archipel des Galápagos. Un bouc et deux chèvres furent laissés sur l'île de Pinta en 1959. Comme ils n'avaient pas d'ennemis naturels, ils se multiplièrent. En 1973, on dénombrait 30 000 bêtes, si bien que le ministère de la Protection de l'environnement pria instamment des chasseurs de les supprimer. L'île de Santiago en possède encore une centaine de mille, qui mâchonnent et tuent les plantes ou écrasent les œufs de tortues.

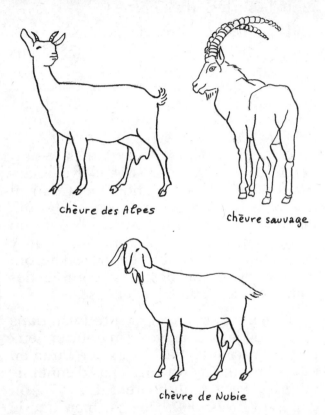

chèvre des Alpes

chèvre sauvage

chèvre de Nubie

Dans presque chaque pays, **on élève des dizaines d'espèces différentes de chèvres**. Elles sont plus petites que leurs ancêtres sauvages et ne sont pas dotées d'immenses cornes recourbées. Elles tirent des charrettes et fournissent du lait, du fromage, de la peau et de la laine.

L'espèce la plus réputée pour son lait est la *chèvre alpine blanche de Saanen*, qui vit dans les Alpes suisses. Une autre bonne laitière est la *chèvre de Nubie*, aux oreilles pendantes. Elle est capable de produire 4 à 6 litres de lait par jour.

Les personnes qui aiment porter des manteaux ou des chandails en cachemire moelleux peuvent remercier les chèvres originaires du Proche-Orient et de l'Asie du Sud. Cette laine est chère car une chèvre ne peut fournir qu'à peine cent grammes de cette toison douce et douillette.

Le mohair est une autre laine solide et douce à la fois. Elle est tissée à partir de la toison soyeuse qui s'étale sous les poils bouclés des chèvres angora. (À ne pas confondre avec la laine angora, qui vient des lapins.)

Le mouton

Des chasseurs disent : « Un cheveu qui tombe de la tête d'un chasseur est entendu par un cerf, reniflé par un verrat et vu par un mouflon. » Une vue perçante est bien utile aux mouflons pour survivre sur les versants des hautes montagnes de Corse et de Sardaigne, où leurs agneaux sont menacés par les vautours et les aigles. Chaque printemps, le choc des cornes des mâles, qui se battent pour tenir la tête du troupeau, résonne dans la montagne. **Ces solides mouflons sont les ancêtres des moutons domestiques**, même si l'on trouve difficilement deux animaux de la même famille plus différents.

En fait, **les moutons ne furent pas domestiqués pour leur laine**. Les moutons sauvages n'ont pas de toison épaisse et laineuse. Ce sont des animaux à poils bruns – jamais blancs. Leur couche de laine imperméable et chaude était comme une sorte de sous-vêtement étanche, sous un grand pardessus filandreux. Avant d'utiliser leur laine, les hommes ont mangé leur viande délicieuse. Ils se servaient aussi de leur graisse, appelée suif, pour fabriquer des bougies et du savon, ainsi que de leurs cornes pour en faire des coupes et des trophées.

Si vous examinez au microscope une fibre de laine, vous vous apercevrez qu'elle est écaillée. Ces fibres s'agglutinent autour de ces écailles pour former la laine. Une fois par an, les moutons sauvages muent : ils perdent leur fourrure. Pendant que les moutons broutent, des touffes de poils et de laine restent accrochées dans les ronces et les branches épineuses. Dès l'âge de pierre, les hommes surent comment confectionner des cordes et des ficelles à partir de plantes grimpantes et de fibres végétales. Mais quelle surprise lorsqu'ils découvrirent que ces touffes de poils sales et bruns adhéraient les unes aux autres, et d'autant plus solidement lorsqu'elles étaient tapotées et tirées. Elles « se feutraient ». La feutrine est fabriquée à partir de poils ou de laine feutrés.

La laine brute qui recouvre le mouton est imperméable. Elle contient tant d'huile, appelée lanoline, que l'eau s'écoule très facilement de son dos. Il se peut que les hommes aient commencé par employer ces touffes de laine pour confectionner des revêtements doux et imperméables pour les berceaux de leurs bébés, ou encore pour rembourrer plus chaudement des morceaux de fourrure qu'ils plaçaient sur leurs pieds.

Certains agneaux, dont le sous-poil dépassait visiblement de leur fourrure externe, donnèrent l'idée aux hommes d'essayer de les sélectionner et de les élever pour leur laine.

Actuellement, les moutons sont tellement différents de leurs ancêtres que la comparaison reste surprenante. Il en existe de toutes les tailles, avec ou sans cornes et pourvus ou dépourvus de laine. **Il y a plus de 200 races de moutons différentes**, divisées en trois catégories : celle à laine longue et aux fibres solides avec lesquelles on fabrique les tapis ; celle à laine mi-longue, qui fournit de la viande et de la laine ; et celle à laine courte qui est utilisée pour la confection de vêtements.

Les *moutons Lincoln*, importés d'Angleterre en Amérique en 1780, appartiennent à la première catégorie. Les *karakuls* sont aussi dotés d'une grosse laine rude de couleur brune ou noire, dont on fait les tapis, mais leurs agneaux ont une toison si douce et bouclée que leurs peaux sont vendues comme cols de fourrure, et que celles des agneaux persans servent à confectionner des manteaux de fourrure.

Les *hampshires*, les *shropshires* et les moutons originaires des collines du sud de l'Angleterre sont des moutons à laine mi-longue dont on consomme aussi la viande.

Le *mérinos* est l'un des plus réputés pour sa laine très douce. Pendant des siècles, l'Espagne protégea ses mérinos à laine épaisse et floconneuse et interdit que l'on sorte ces bêtes de son territoire. Mais, en 1801, quelques spécimens furent importés en Amérique, où cette robuste race est capable de survivre même dans les pâturages accidentés offrant peu d'abris ou de points d'eau.

Le *rambouillet*, une race française dérivant du mérinos, donne également une très belle laine.

Les moutons domestiqués ne perdent pas leur laine au printemps, à l'inverse de leurs ancêtres. Ils **doivent être tondus**. Un dicton affirme que la nécessité est la mère de l'invention. C'est pourquoi, à mesure que les moutons étaient élevés pour fournir de la laine de meilleure qualité et en plus grande quantité, quelqu'un inventa la tondeuse pour tondre le mouton. D'autres inventèrent de meilleurs moyens de filer la laine brute, et des métiers à tisser plus grands et plus rapides pour fabriquer des étoffes. Les usines commencèrent à produire des millions de vêtements chauds, et un plus grand nombre de personnes purent habiter les régions froides de la planète. Rien de tout cela n'aurait pu être réalisé sans la domestication du mouton.

Les mouflons sauvages sautent d'un rocher à pic sur l'autre, hors de portée des hommes. Ils sont un des symboles de la liberté. Les moutons domestiqués sont exactement d'un caractère opposé. Ils vont là où on les mène – dans les pâturages, dans des bains où on les immerge pour tuer leurs parasites, à la tonte ou à l'abattoir. Il faut bien reconnaître qu'ils ont tout de même contribué à rendre notre vie plus confortable.

5. La mère nourricière : la vache

Quel est le premier distributeur automatique au monde ? La vache : placez de l'herbe à un point, et le lait sortira des pis.

En France, plus de 8 millions de vaches vont au travail tous les jours et elles n'ont pas de vacances. Et chaque jour c'est la même chose. Elles passent à peu près six heures à manger et huit heures à ruminer leur bol alimentaire. Elles ont deux pauses, la première pour la traite du matin et la seconde pour la traite du soir. Une vache laitière consomme en moyenne 75 litres d'eau par jour et 18 kilos de céréales ensilées, de foin et de boulettes de grain enrichies en vitamines. En contrepartie, elle fournit 6 500 litres de lait par an.

Les vaches n'ont pas toujours mené une existence aussi ennuyeuse. Leur arrière-arrière-grand-père était l'aurochs, qui vivait il y a des milliers d'années. Ce membre de la famille des bovidés sauvages était une bête géante aux longues cornes, qui ressemblait aux animaux peints sur les parois de la grotte de Lascaux. Un homme de 1,80 mètre qui se serait tenu debout à ses côtés aurait tout juste pu voir par-dessus ses épaules. Seul un chasseur extrêmement téméraire aurait été capable de s'en approcher. L'aurochs n'était pas un animal du genre à se laisser traire facilement. Durant des milliers d'années, les peuplades nomades vivant de cueillette chassaient les aurochs pour consommer leur viande et se servir de leurs peaux, de leurs os et de leurs cornes.

L'espèce est aujourd'hui éteinte, mais nous savons beaucoup de choses à son sujet car le dernier représentant est mort dans une réserve en Pologne en 1627.

Quand les hommes commencèrent à cultiver les terres, **les aurochs se trans-**

formèrent en pilleurs de récoltes. Ils écrasaient et piétinaient les jardins et les plantations jusqu'à les réduire en bouillie. Les hommes peinaient donc à les chasser ! Un jour, l'un d'eux a dû dire : « Écoutez, si les aurochs continuent à tourner dans les parages, nous ferions aussi bien de les enfermer dans un enclos et de veiller à ce qu'ils y restent. » Bien sûr, ce ne fut probablement pas aussi simple, mais les hommes ont dû réussir à maîtriser les aurochs comme ils l'ont fait pour d'autres animaux qui vivaient en troupeaux.

Les fermiers racontent que, lorsqu'une vache a faim et décide d'aller dans un coin reculé du pâturage, toutes les autres la suivent, quelle que soit sa position hiérarchique dans le troupeau. Mais c'est la vache dominante, à la tête du troupeau, qui obtient la meilleure nourriture, l'endroit le plus frais à l'ombre d'un arbre et la première gorgée d'eau.

En Suisse, au printemps, lorsqu'on mène les vaches des étables où elles ont passé l'hiver jusqu'aux alpages, les bêtes se battent entre elles pour décider qui sera **la reine du troupeau**. Les fermiers du Valais, un des cantons suisses, font concourir leur vache « dominante » pour élire la plus forte, avant le départ vers l'alpage. Toutes les prétendantes au titre appartiennent à une ancienne race appelée *herens*. Elles sont petites, noires et agressives. Les spectateurs les encouragent et applaudissent pendant qu'elles combattent en se poussant et se bousculant, jusqu'à ce que la meilleure gagne et remporte le premier prix, une cloche neuve étincelante.

Les aurochs sauvages, eux aussi, se battaient certainement pour désigner leur chef. Si ce dernier était capturé, tous les membres du troupeau le suivaient. Si une femelle était tuée, il était facile pour un chasseur de s'emparer de son petit et de le nourrir jusqu'à ce que la tribu ait besoin de viande.

La domestication des animaux comporte des avantages et des inconvénients. Lorsque les hommes ont enfermé les aurochs dans des enclos, ils eurent de la viande à portée de main. En revanche, ils durent les nourrir, les protéger et les tenir propres. Mais cela aussi avait ses bons côtés.

Dans la fermentation à l'abri de l'air, des micro-organismes décomposent les matières organiques provoquant des dégagements de méthane – le gaz de fumier – et de gaz carbonique en grande quantité. Les matières humides obtenues à cette suite fixent l'ammoniac. Cette fermentation dégage de la chaleur et bien entendu une certaine odeur ! Les galettes de fumier séché, appelées bouses, sont une bonne source de chaleur lorsque le bois se fait rare.

Ainsi, lorsque les pionniers partaient pour l'est des États-Unis, en traversant les plaines désertiques, ils brûlaient les bouses de vache ou de bison, comme le faisaient les autochtones. Dans les régions d'Afrique où de longues années de sécheresse ont fait disparaître les arbres, les habitants ramassent, encore de nos jours, des bouses pour alimenter leurs feux.

Les aurochs ne furent pas la seule espèce de bovidés sauvages à être domestiquée. Au Tibet, il y a 7 ou 8 000 ans, le yack sauvage fut apprivoisé, lui aussi. C'est un animal robuste qui, grâce à son épais manteau de laine, est bien adapté aux froides températures des hautes montagnes de l'Himalaya. Les yacks sont d'excellents animaux de troupeaux. Ils fournissent un lait qui est plus riche que celui de la vache, et leur laine sert à tisser des couvertures et des vêtements. Le Tibet est un pays où il y a peu d'arbres, c'est pourquoi le fumier de yack est très recherché comme combustible.

Un autre bovidé sauvage, domestiqué en Inde et en Indonésie, et employé dans les rizières depuis des milliers d'années, est le *karbau* ou buffle d'eau. Ces grands animaux, au dos large, peuvent tirer des charrues, remorquer des

101

arbres coupés et labourer les rizières inondées. Ce sont des animaux si doux que les jeunes enfants peuvent facilement les diriger. Ils portent bien leur nom, car ils aiment s'immerger le corps pour se rafraîchir.

Comme tous leurs cousins bovidés, les premiers aurochs apprivoisés transportaient de lourdes charges et étaient attelés à des charrues ou à des charrettes. Les hommes comprirent en peu de temps que des bovins de petite taille seraient plus faciles à manœuvrer que ces immenses aurochs. Ils sélectionnèrent les plus petits et firent s'accoupler les femelles et les mâles. **De nouvelles espèces de bétail furent créées pour répondre à différents besoins**.

Une vache sauvage produit uniquement la quantité de lait suffisante pour nourrir son veau. Dès que ce dernier est assez grand pour manger de l'herbe, elle n'a plus de lait. Mais les fermiers trouvèrent des moyens pour que les vaches produisent davantage de lait. Chaque fois qu'une vache a un petit, elle se remet à fabriquer du lait ; c'est pourquoi les fermiers veillèrent à ce qu'elles aient du lait le plus longtemps possible. Ils sevraient les veaux bien avant la période normale. Alors, si on trayait la vache, le lait continuait de couler.

Dans les ruines de l'ancienne cité de Babylone, près de la ville moderne de Bagdad, des archéologues ont découvert un panneau taillé dans la pierre, vieux de 6 000 ans. Il représente des hommes trayant des vaches semblables à des aurochs. **Les Babyloniens devaient donc déjà boire du lait**. Mais si le lait, encore tiède lorsqu'il sort de la vache, n'est pas utilisé aussitôt ou gardé au frais, il tourne vite. Il n'y avait pas de glace à Babylone ! On conservait le lait dans des cruches immergées dans l'eau froide des puits : il pouvait ainsi rester frais durant un jour ou deux. Mais comment éviter de laisser perdre le surplus ? En inventant un nouvel aliment : le fromage.

Une légende raconte l'histoire d'un marchand arabe qui possédait une gourde faite d'une panse de mouton. Un jour, au lieu de la remplir avec de l'eau, il y versa du lait. Après avoir traversé le désert brûlant, il ouvrit sa gourde pour boire. Le lait s'était séparé en lait caillé grumeleux et en petit-lait. Une fois le petit-lait décanté, il lui resta du fromage frais.

Que ce soit ou non par hasard, la fabrication du fromage a commencé au Moyen-Orient et s'est répandue à travers l'Europe. Aujourd'hui dans le monde, on produit des centaines de variétés de fromages à partir du lait de vache, mais aussi du lait de chèvre, de brebis, de buffle d'eau, de yack et même de lama !

Dès l'Antiquité, les hommes savaient recueillir la crème du lait et la battre ou la baratter pour la transformer en beurre. Des rouleaux de parchemins ainsi que des tablettes de la Grèce antique et de Rome relatent que le beurre était utilisé en médecine, en particulier comme onguent pour soulager les brûlures.

Le beurre de buffle d'eau d'Asie est plus solide que celui de vache et rancit moins vite dans la chaleur tropicale. Mais il nous faudrait du temps pour nous y habituer car il est d'un blanc verdâtre. Il y a plus de 3 500 ans, les Hindous évaluaient déjà leurs vaches à la quantité de beurre qu'ils pouvaient en tirer, et c'est encore ainsi que procèdent aujourd'hui les fermiers.

Égypte IV et V Dynastie
© 1934 – Photo Giraudon

En France, on distingue environ 30 races de bœufs de boucherie dont la *holstain*, la *charolaise*, la *normande*, la *montbéliarde*, la *limousine*, la *blonde d'aquitaine*, la *salers* et la *maine-anjou*.

Shorthorn

Holstein

Guernesey

Aberdeen Angus

Hereford

Jersey

Il existe, d'autre part, des dizaines de races de vaches laitières. Parmi les plus connues, on peut en citer six : la *ayrshire*, la *brune suisse*, la *guernesey*, la *holstein*, la *jersey* et la *milking shorthorn*.

En 1611, **les premières vaches furent amenées en Amérique du Nord** par les colons qui s'établirent en Virginie. Un second troupeau fut expédié, en 1624, dans la colonie de Plymouth au Massachusetts. Dans ces régions du nord des États-Unis, les vaches trouvèrent de bons pâturages en été, mais en hiver il fallait leur donner du foin à manger. Chaque vache avait besoin d'environ quinze à vingt kilos de fourrage par jour, ce qui correspond à presque deux tonnes par animal pour tout un hiver. Si un fermier avait dix vaches, il devait moissonner huit hectares de foin chaque année, ce qui lui prenait une vingtaine de jours. En retour, il disposait de lait, de beurre, de fromage, de viande, de peaux qu'il pouvait ensuite travailler pour obtenir du cuir ou du feutre. Il utilisait éventuellement les cornes pour fabriquer des coupes et d'autres récipients, le suif pour faire des bougies et du savon, les sabots pour les fondre en colle et en gélatine, et les intestins pour les convertir en boyaux de saucisses.

Deux cents ans plus tard, **les vaches se déplacèrent péniblement vers l'ouest américain, attelées aux chariots des pionniers.** Chaque famille avait besoin d'au moins une vache pour l'aider à survivre, là où elle allait s'installer. Lorsqu'en hiver les tempêtes de neige soufflaient, les plus chanceux étaient ceux qui possédaient une vache près d'eux dans une étable ou une hutte en terre. Ensevelis sous des congères des semaines durant, ils avaient du lait à disposition, et l'animal leur apportait un peu de chaleur.

Lors de son deuxième voyage vers le Nouveau Monde, **Christophe Colomb apporta les premières vaches aux Antilles** : elles étaient petites, noires, avec de longues cornes. En route vers Mexico, l'explorateur espagnol Hernán Cortés s'arrêta aux Antilles et obtint quelques veaux.

En 1540, un autre explorateur espagnol, Francisco Coronado, importa 500 de ces bêtes à longues cornes dans le sud-ouest des États-Unis. Beaucoup prirent la fuite, mais réussirent à survivre dans les régions sauvages, car elles étaient résistantes, indépendantes et rapides. Grâce à leurs longues cornes, aux pointes écartées d'1,80 mètre l'une de l'autre, elles étaient capables d'ébrancher les buissons épineux au pied desquels se cachaient quelques rares touffes d'herbes desséchées. Elles pouvaient décrocher sur les arbres des boules de gui gorgé de jus et aussi se défendre des loups. Un historien a écrit que les *bœufs à longues cornes – les longhorns –* « ont fait plus pour le monde civilisé que n'importe quelle autre race de bétail ».

Les grandes plaines sans limites de l'ouest des États-Unis devinrent des pâturages pour les immenses troupeaux de bovidés. Certains propriétaires, surnommés les **barons du bétail**, possédaient des milliers de bêtes à cornes et amassèrent des fortunes. Lorsque les bêtes étaient assez grasses, pour être vendues, des cow-boys les rassemblaient et les escortaient dans l'Est. La route la plus fameuse, la Chisholm Trail, démarrait au sud de San Antonio, au Texas, traversait l'Oklahoma et s'arrêtait à Abilene, au Kansas, où le chemin de fer prenait la relève.

Ainsi, pendant l'année 1884, les cow-boys menèrent plus de 5 millions de bœufs depuis le Texas jusqu'à Abilene, où le bétail était chargé sur des wagons pour être conduit dans les parcs à bestiaux de l'Est. Parfois, la colonne de bétail s'étendait sur plus de 60 kilomètres. On a dit que ce fut la plus grande migration d'animaux, contrôlée par l'homme, dans le monde.

Mais vers le début des années 1920, la race des bœufs à longues cornes était presque éteinte, les propriétaires des ranchs ayant décidé de ne plus en poursuivre l'élevage. En effet, la boucherie industrielle les incitait à produire des animaux dont la viande était d'un âge et d'une couleur constants, digne de l'uniformité d'un troupeau de moutons. Ce qui n'était pas le cas des longhorns, parmi lesquels il était presque impossible de trouver deux bêtes semblables. Elles étaient grandes et robustes, possédaient de longues pattes, leurs robes étaient blanches, brunes, jaunes ou encore tachetées de bleu ardoise ou d'ombres rousses.

En 1927, **le Service des forêts des États-Unis se mit à la recherche de longhorns de pure race**. Il n'en trouva qu'une trentaine sur des millions de bêtes. Mais la race a pu être sauvée grâce à un groupe de propriétaires texans qui continuèrent de l'élever. Ils sont encore convaincus que l'industrie alimentaire a besoin de ces animaux robustes résistant à la plupart des maladies et des parasites, et qui s'accommodent de pâturages arides.

L'une des races qui remplace celle des longhorns est celle des *hereford*, à la robe marron, avec une tête et des « bas » blancs. Henry Clay, homme d'État américain, importa les hereford d'Angleterre en 1817, et cette race devint immédiatement une des préférées des éleveurs. Une autre race connue est le *aberdeen angus noir*, originaire d'Écosse. **Il existe des dizaines d'autres races de bovins**, parmi lesquelles on trouve les *hays converters*, connus pour leur viande maigre. Cette race fut créée au Canada, au cours des vingt dernières années, par un croisement de *hereford*, de *holstein* et de *bœuf brun suisse*.

Il y a longtemps, lorsque les hommes

vivaient de chasse et de cueillette, **ils inventèrent des moyens pour conserver la viande**. Ils la séchaient, la faisaient mariner dans de la saumure ou la fumaient. Les peuples nordiques pouvaient la congeler simplement grâce à la température extérieure. Mais, lorsque les hommes commencèrent à traire les vaches, ils furent confrontés à un nouveau problème. Une partie de l'excédent de lait pouvait être transformée en fromage et il existait des moyens d'utiliser le lait aigre, mais on devait cependant jeter une grande quantité de ce précieux liquide, faute de savoir le conserver. Même des milliers d'années plus tard, malgré l'invention des glacières et des réfrigérateurs, on ne savait conserver le lait que pendant quelques jours.

Quelques vaches atteintes du mal de mer amenèrent Louis Borden à trouver un moyen de maintenir le lait frais et sain de façon qu'il soit encore consommable plusieurs semaines plus tard. En 1851, il se trouvait à bord d'un paquebot parti de Londres en route vers les États-Unis. La mer était si agitée que de nombreux passagers avaient le mal de mer. Dans la cale, les vaches étaient si malades qu'il était impossible de les traire. Le spectacle des bébés réclamant du lait bouleversa Borden. Pendant cinq longues années, il essaya de mettre au point une méthode de conservation du lait. Finalement, il y ajouta du sucre et le mit dans des boîtes de conserve. Aussi utilisons-nous encore aujourd'hui **du lait concentré** selon la recette de Louis Borden.

Vers 1860, Louis Pasteur annonça la découverte d'**une nouvelle méthode de conservation du lait**. Il cherchait un moyen d'aider les vignerons français à empêcher leurs vins de devenir aigres, lorsqu'il découvrit qu'il était capable de tuer les bactéries par la chaleur. Ce procédé de chauffage du lait, pour l'empêcher de se gâter, est appelé la pasteurisation. Cette découverte arriva juste à temps, car de nombreux enfants souffraient d'une douloureuse maladie, la brucellose, propagée par les vaches. Dans les pays où l'on pasteurise le lait, cette maladie a disparu, mais, dans ceux où l'on boit du lait cru, on risque de contracter cette maladie souvent mortelle pour le bétail.

Aujourd'hui, nous savons comment déshydrater, évaporer, concentrer le lait, et, bien sûr, le conserver au réfrigérateur.

La crème ne gèle plus à la surface des bouteilles, car elle est maintenant entièrement mélangée au lait. Nous avons appris comment l'homogénéiser, c'est-à-dire fractionner la crème grasse en minuscules particules, de manière qu'elles ne se séparent plus du lait. Nous avons inventé le lait écrémé, c'est-à-dire sans matière grasse, et le lait demi-écrémé, c'est-à-dire avec la moitié de matière grasse, soit 2 %, sans compter les laits chocolatés, les milk-shakes et les crèmes glacées.

Des troupeaux de centaines **de vaches laitières** sont menés deux fois par jour dans des étables très propres, où l'on recueille leur lait à l'aide de trayeuses électriques, plus rapides que les mains des hommes. Le lait coule directement des pis dans des containers réfrigérés, à travers des tuyaux en acier inoxydable. De là, il va dans d'autres containers en acier inoxydable. Les containers sont chargés sur des camions et emportés dans des laiteries, où le lait est pasteurisé, puis homogénéisé ou écrémé, ou bien encore transformé en beurre ou en crème glacée.

Les **bœufs de boucherie** sont engraissés dans les exploitations avant d'être conduits à l'abattoir, où ils sont découpés en quartiers de viande. Leurs peaux sont envoyées dans les tanneries pour être transformées en cuir, et leurs os sont utilisés pour fabriquer des engrais, de la colle ou encore des dizaines d'autres produits. Rien n'est perdu.

La plupart des vaches laitières ou des bœufs de boucherie vivent des existences agréables, même dans les grands troupeaux. Mais **les veaux destinés à l'abattoir** n'ont pas cette chance. Les gens apprécient leur viande, car elle est maigre, blanche et tendre. Pour obtenir une telle qualité de viande, les éleveurs achètent des veaux âgés de un jour et les placent dans de minuscules étables où ils ne peuvent pratiquement pas bouger. Le simple fait de bouger rendrait leurs muscles plus forts et par conséquent leur viande moins tendre. Ces veaux sont nourris avec un substitut de lait enrichi en graisses, qui les fait grossir rapidement tout en gardant leur chair blanche. Lorsqu'ils ont environ 15 semaines et pèsent à peu près 140 kilos, ils sont prêts à être envoyés à l'abattoir. Cela concerne quelques centaines de milliers de veaux chaque année ; cette pratique peut paraître inutile et bien cruelle !

Ainsi, la vache qui rumine son bol alimentaire d'un air satisfait est en fait bien plus qu'un simple distributeur automatique de lait. C'est l'un des animaux qui a participé à changer notre mode de vie.

6. Le mal-aimé :
le porc

Priscilla adorait nager. Par un étouffant après-midi du Texas, cette petite truie noire et blanche barbotait dans l'eau fraîche d'un lac en compagnie d'Anthony Burk, âgé de onze ans, et de sa mère. Soudain, Anthony rencontra un trou d'eau froide et profonde ; il but une grande tasse et commença à couler. Il refit surface, toussa et s'enfonça de nouveau. Sa mère se précipita vers lui, mais la truie parvint la première à le rejoindre. Épuisé, Anthony essaya de se raccrocher à tout ce qui était à sa portée et agrippa le collier de Priscilla. Mais le garçon pesait quatre fois plus lourd que la truie, ce qui la fit couler, elle aussi. La petite truie lutta de toutes ses forces pour remonter à la surface et ramena Anthony jusqu'au rivage. Priscilla fut la première truie à figurer sur le Tableau d'honneur des animaux de compagnie du Texas, et à être décorée le jour de la Sainte-Priscilla, en août 1984 à Houston.

Si vous demandez à des personnes autour de vous ce qu'elles pensent des porcs, certaines vous diront : « Berk ! Quelle odeur ! » Mais d'autres vous répondront que ce sont des animaux intelligents. En fait, il y a du vrai dans les deux réponses. Les porcs sentent mauvais à force de fouiller avec leur groin dans la boue. Mais on peut tout de même leur enseigner à faire tout ce dont un chien est capable ! Les gens qui ont des porcs comme animaux de compagnie disent que ceux-ci peuvent apprendre plus vite que les chiots et être dressés plus facilement à la propreté.

Depuis des siècles, en France, des porcs fouillent le sous-sol avec leur groin, à la recherche de champignons particuliers, appelés truffes. Celles-ci sont si délicieuses et si rares aujourd'hui que leur prix sur le marché peut atteindre 3 000 à 5 000 francs le kilo. Un bon truffier, c'est-à-dire un porc spécialisé dans la recherche de ces champignons, peut les sentir même s'ils sont enterrés à six mètres de profondeur.

La majorité des porcs nous fournissent du jambon, du bacon, des côtelettes et, bien entendu, de la peau. Mais ils sont aussi capables de monter la garde, de détecter les mines, de tirer des carrioles, de promener des personnes sur leur dos ou bien, comme Priscilla, de nager à la rescousse d'une personne en difficulté.

Les premiers représentants connus de la famille des suidés vivaient en Inde il y a 35 millions d'années. Dans la famille des suidés, on trouve les *sangliers*, les *potomochères*, les *phacochères*, les *hylochères* et les *babiroussas*.

C'est le sanglier qui est à l'origine du porc domestique. C'est un animal têtu, indépendant et un redoutable combattant. Un coup de défense aiguisée de sanglier peut trancher la chair de n'importe quel adversaire si on le provoque. Ses défenses creuses ne cessent de grandir. Celles du bas s'usent en frottant sur ses dents supérieures, tandis que celles du haut se recourbent de plus en plus avec l'âge. Autrefois, dans l'océan Pacifique, en Nouvelle-Guinée, les hommes utilisaient les défenses de sanglier comme monnaie d'échange. Plus la défense était recourbée, plus elle valait cher.

SANGLIER

COCHON

Le sanglier est efflanqué, plus haut sur patte et recouvert de poils bruns et raides.

Il a aussi un groin allongé, de petites oreilles dressées et une queue droite.

Les scientifiques disent que **les porcs furent faciles à domestiquer** parce qu'ils n'étaient pas « spécialisés ». Autrement dit, ils ne mangent pas exclusivement un type de nourriture et ne vivent pas dans un seul type d'habitat. Ils sont omnivores : comme nous, ils mangent à la fois des végétaux et de la viande. Ils se nourrissent aussi de nos restes. Les réserves de nourriture conditionnent en fait les limites de leur territoire. Cela peut être une forêt dense, une grande plaine découverte, une montagne, un marais ou les abords d'un village. S'ils disposent d'un point d'eau, les porcs peuvent vivre sous presque n'importe quel climat. Ils ont peu de glandes sudoripares, si bien qu'ils doivent se rafraîchir souvent, soit dans l'eau, soit en se roulant dans la boue.

Comme nous, les porcs sont *grégaires* : ils recherchent la compagnie. Lorsqu'ils ne se déplacent pas en troupeaux, ils aiment rester ensemble, ce qui a facilité leur domestication. Au début, ils étaient des pilleurs de récoltes. Lorsque les premiers peuples se sont sédentarisés, les cochons se sont rapprochés de leurs habitations pour retourner les jardins avec leur groin.

Encore actuellement, dans certaines parties du Sud-Est asiatique, les porcs sont à demi domestiqués. Ils partent en forêt à la recherche de leur nourriture pendant la journée, et reviennent au village à la tombée de la nuit.

Les os des plus anciens porcs domestiques furent découverts en Chine et en Turquie. Ils étaient datés de 9 000 ans. Les Égyptiens utilisaient les porcs pour « planter les graines », après la pluie. Les pieds pointus des cochons faisaient des trous dans le sol à la taille adéquate et enfonçaient les graines à la bonne profondeur. La récolte effectuée, les cochons aidaient de nouveau pour le battage des céréales. Ils piétinaient ces dernières et leurs sabots aiguisés séparaient la balle du grain.

Au Moyen Âge, dans certaines forêts, les paysans n'avaient pas le droit de chasser à l'aide de chiens. Pendant plus de quatre siècles, **les paysans utilisèrent des cochons spécialement dressés pour la chasse**. Ils étaient aussi bons chasseurs que n'importe quel chien, meilleurs parfois. Dans les années 1800, l'un de ces cochons chasseurs, appartenant à sir Henry Mildmay, était très renommé pour son flair. On racontait que cette truie « était capable de repérer, de tomber en arrêt et de rapporter le gibier aussi bien que le meilleur chien de la race des pointers, et que, lorsqu'on l'appelait pour aller à la chasse, elle sortait de la forêt à toute allure ».

Les Polynésiens envahirent les îles Hawaii des siècles avant l'arrivée du capitaine Cook. Ce peuple courageux avait traversé des milliers de kilomètres sur l'océan Pacifique dans d'immenses pirogues, pouvant embarquer chacune une cinquantaine de personnes, ainsi que des cochons, des chiens et des poulets. Décidés à s'installer, ils se nourrissaient de chiens – comme le faisaient d'autres peuples dans de nombreux pays – aussi souvent que de porcs ou de poulets. Mais autrefois, **les porcs étaient respectés**. Un homme qui possédait un porc était non seulement riche, mais prenait aussi de l'importance dans la communauté. À l'arrivée des marins britanniques, les habitants d'Hawaii désirèrent si ardemment se procurer des clous en fer, qu'ils allèrent jusqu'à échanger un cochon pour un seul clou.

En 1778, le capitaine Cook écrit dans son journal de bord qu'il vit de nombreux cochons à la queue en tire-bouchon se promener autour des maisons d'Hawaii. Il ne savait probablement pas que cette queue était la preuve que ces cochons avaient été domestiqués. Car tout cochon possédant de longues oreilles pendantes, un groin tronqué, une courte queue recourbée ou peu de poils descend de grands-parents domestiqués.

Au Moyen Âge, chaque ville louait les services d'un porcher qui gardait les cochons. Il était facile de s'en occuper car ces animaux trouvaient seuls de quoi se nourrir. Mais, au fur et à mesure que les fermes et les villes se multiplièrent et que les forêts environnantes diminuèrent, les cochons eurent de plus en plus de difficultés à trouver leur subsistance. Ils se mirent à errer de plus en plus loin. Les fermiers commencèrent alors à les garder dans des étables à cochons ou porcheries. Lorsque chaque fermier réussit à prendre en charge ses porcs, la domestication put réellement commencer. Les porcs devinrent ce que les fermiers espéraient. Par exemple, un porc pouvait être nourri de manière à donner davantage de viande et moins de graisse.

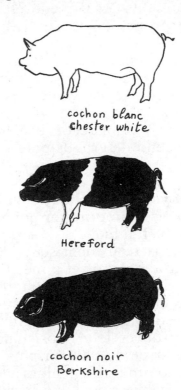

cochon blanc
chester white

Hereford

cochon noir
Berkshire

La plupart des **300 différentes espèces de porcs domestiques** qui existent actuellement nous fournissent du saindoux, du lard, du jambon ou d'autres morceaux de viande.

Les cochons noirs *berkshire*, élevés pour leur viande de première qualité, sont arrivés d'Angleterre vers l'Amérique en 1823. Au début du XXe siècle, on développa la race des *hereford*, car leur épaisse couche de graisse donnait un excellent saindoux. À Chester, en Pennsylvanie (États-Unis), un porc entièrement blanc, appelé le porc blanc de *Chester*, était élevé pour son lard. Les races utilisées en France sont le plus souvent croisées entre elles pour faire le porc de boucherie.

Les porcs, pour la plupart, devinrent de plus en plus gros. Un porc adulte de poids moyen pèse environ 360 kilos. Le record actuel est détenu par Big Boy, un porc de Caroline du Nord, qui pèse 865 kilos, soit le poids d'une petite voiture.

Il existe à l'opposé le **cochon nain**, spécialement conçu pour être utilisé dans les laboratoires de recherche. Les éleveurs du porc nain furent surpris de sa popularité. Aux États-Unis, certaines personnes les achètent comme animaux de compagnie. Leur poids adulte, qui peut atteindre une centaine de kilos, ne les décourage pas !

Les porcs arrivèrent de toutes les régions du globe vers le Nouveau Monde.

Lorsque Christophe Colomb mit pied à terre sur l'île d'Haïti, il y laissa 8 cochons. Quelques années après, lorsque de nouveaux navires accostèrent à Haïti, les marins s'aperçurent que les descendants des premiers porcs, autrefois domestiqués, étaient redevenus sauvages. Ils étaient très amaigris et possédaient des défenses aussi coupantes qu'une lame de rasoir.

Les *porcs rouges* de Guinée arrivèrent sur les bateaux avec les esclaves d'Afrique. Des porcs en provenance de l'est de l'Inde, de Russie, les *Berkshire* d'Angleterre ainsi que les porcs blancs originaires des Pays-Bas et de la Suède arrivèrent dans les colonies des États-Unis, et c'est du mélange de toutes ces races que sont issues les différentes espèces de porcs américains.

Un historien décrivait ainsi les plantations de la Virginie et du Maryland dans les années 1770 : « Un planteur pouvait aimer son cheval, admirer son bétail, mais il respectait ses cochons. » Il est possible que les cochons aient été respectés, mais il faut bien dire qu'ils ne recevaient pas beaucoup de soins. On les laissait libres dans la forêt pour qu'ils trouvent eux-mêmes leur propre subsistance. Les fermiers se contentaient de les rassembler chaque année, à l'automne. Certains fermiers les enfermaient dans des enclos où ils les engraissaient au maïs quelques semaines avant de les tuer, afin que le jambon du porc ait un meilleur goût. Chaque morceau du porc était utilisé, y compris les intestins qui, une fois nettoyés, étaient utilisés comme boyaux de saucisses.

Il y a moins d'un siècle, la plupart des familles qui vivaient dans des fermes ou dans de petites villes possédaient chacune une vache, quelques poulets et au moins un cochon. Ces animaux étaient « prêts à être consommés ». Personne n'aurait trouvé étrange un troupeau de bétail traversant les rues d'une petite ville, des poulets dans l'arrière-cour ou encore des cochons fouillant dans les ordures. En 1842, on dénombrait environ 20 000 porcs dans la seule ville de New York !

L'élevage des porcs est devenu une véritable industrie : les quantités de nourriture et de vitamines sont calculées scientifiquement afin d'obtenir une qualité de viande la plus maigre possible. Quelques étables sont dotées de l'air conditionné. Mais, dans d'autres fermes immenses, il n'y a même plus de bauges, où les porcs pourraient se vautrer dans la boue, ni de planches accessibles contre lesquelles ils pourraient se gratter facilement le dos.

De nos jours, un fermier peut élever à lui seul 10 à 12 000 porcs. Aux États-Unis, on mène chaque année 75 millions de porcs à l'abattoir après qu'ils ont été engraissés avec la moitié du maïs récolté sur tout le territoire. On trouve en France plus de 12 millions de porcs, dont 1 million de truies pour environ 147 000 éleveurs. On en fait du jambon, des côtelettes, du lard, du saindoux, des pieds de porc confits (dont certaines personnes raffolent), et bien d'autres produits encore.

La peau de porc donne un cuir de bonne qualité, car elle respire. En effet, l'air traverse facilement ses pores, qui sont les trous de la peau. On fabriquait autrefois les ballons de football en peau de porc ; aujourd'hui on utilise du cuir de vache.

Les porcs sont particulièrement mis à contribution dans la recherche médicale, car le fonctionnement de leur corps est très semblable au nôtre. L'insuline, qui est une hormone produite par le pancréas, sert à régler le taux de sucre dans le sang. Lorsqu'une personne ne fabrique plus assez d'insuline, il en découle une maladie appelée diabète. Mais on peut y remédier grâce à l'insuline prélevée dans le pancréas des cochons que l'on a tués pour leur viande. Nous utilisons par ailleurs des dizaines de produits fabriqués à base de porc pour traiter d'autres maladies, comme l'arthrite ou la leucémie.

Une très fine couche de peau de porc peut être stérilisée et traitée spécialement pour adhérer sans colle ; on s'en sert pour recouvrir les brûlures graves en attendant que la peau du patient se reforme.

Si les porcs domestiques nous sont très utiles, il faut dire que **les sangliers eux peuvent causer de graves dommages.** Ainsi, au début du XXe siècle, des sangliers furent importés d'Europe et installés dans une ferme d'élevage de gibier en Caroline du Nord, pour des chasseurs qui désiraient les traquer pour leurs repas de fêtes. Un peu plus tard, certains d'entre eux s'échappèrent de la ferme. Eux et leur descendance retrouvèrent la vie sauvage dans les monts des Appalaches. Personne ne s'en soucia jusqu'à ce qu'ils pénètrent dans le parc national, où ils disputèrent leur nourriture aux ours noirs ainsi qu'à d'autres animaux. Les gardes du parc les surnommèrent les « laboureuses rotatives sur pattes », parce que les sangliers retournaient la terre et détruisaient les plantes.

La Californie fut confrontée au même problème. Les porcs sauvages du parc d'État d'Anadel ont saccagé des jardins et des parcours de golf. La région était devenue un gigantesque garde-manger. Certains de ces porcs, retournés à l'état sauvage, sont des descendants de ceux qui furent domestiqués par les colons espagnols et importés dans les années 1760. D'autres sont de vrais porcs sauvages, avec de petites oreilles tournées vers le haut, un long groin et une épaisse et grande queue terminée par des touffes de poils. Ces porcs étaient arrivés en Californie en 1925, achetés par des chasseurs à un éleveur de Caroline du Nord. Selon les lois en vigueur, ces animaux furent enfermés dans des enclos, mais certains s'en échappèrent. Ces porcs sauvages se sont accouplés avec des sangliers et leur nombre ne cesse de s'accroître. Ils causent de grands ravages dans les champs et détruisent un grand nombre de plantes. Un biologiste a trouvé dans l'estomac de l'un d'eux pas moins de 2 000 bulbes de lis rare.

Dans le parc national de Haleakala, sur l'île de Maui à **Hawaii**, les gardes ont dû construire une clôture, haute d'1,50 mètre, tout autour des 11 000 hectares de terres, pour empêcher les chèvres et les porcs retournés à l'état sauvage d'y pénétrer.

Les porcs sont des animaux obstinés, indépendants, intelligents et robustes. Nous avons pu les domestiquer, mais sommes-nous capables de les maîtriser ?

7. Les oiseaux de basse-cour : l'oie, le canard et la poule

Il y a plus de 1 000 ans, **un troupeau d'oies sauva une armée romaine**. Fatigués d'avoir combattu une journée entière, les soldats avaient été obligés de se retrancher dans une forteresse perchée sur une colline escarpée, le Capitole. Des gardes faisaient le guet, mais aucun bruit ne transperçait la sombre nuit si calme. Soudain, un troupeau d'oies se mit à caqueter. Ce vacarme réveilla les soldats romains. Ils saisirent leur épée et se précipitèrent sur les murailles de la forteresse au moment précis où l'armée ennemie l'escaladait. Les Romains gagnèrent cette bataille, et depuis lors les oies montèrent la garde sur de nombreux champs de bataille et dans les basses-cours.

L'oie

On a su domestiquer les oies depuis des milliers d'années. Quand elles ne montaient pas la garde, les oies nous donnaient des œufs, de la viande, de la graisse, un chaud duvet et des plumes. Personne ne saurait dire où la première domestication eut lieu, mais un Européen a su se faire l'ami des *oies sauvages cendrées*. Ces oies grises et effilées se sont, au fil du temps, rapprochées des *oies blanches de ferme*.

Konrad Lorenz, un scientifique, nous a montré **comment les hommes et les oies pouvaient s'entendre**. Il est devenu, sans le vouloir, le père adoptif d'une petite oie sauvage cendrée. Le docteur Lorenz observait un oison en train de briser sa coquille. À l'instant où la petite oie sortit, elle le fixa d'un œil foncé et brillant. Comme la plupart des oiseaux, l'oie n'utilise qu'un seul œil lorsqu'elle regarde quelque chose de près. Le docteur Lorenz se souvient avoir prononcé quelques paroles, auxquelles l'oison répondit en sifflant doucement.

weeweewee !

Il plaça ensuite l'oison sous les plumes d'une oie adulte, persuadé que le petit penserait être sous les ailes de sa mère. Le docteur Lorenz s'était trompé. « Au lieu d'être réconfortée, note-t-il, comme l'aurait été n'importe quelle autre petite oie, et de rester à l'abri, celle-la ressortit, en pleurant et en poussant de petits cris aigus. » C'était le gazouillis d'une oie sauvage cendrée qui se sentait abandonnée.

Le docteur Lorenz raconte que le reste de la journée se déroula comme s'il avait été la mère de l'oisillon. La première nuit, la petite oie dormit sous une chaude couverture, dans un panier près de son lit.

Toutes les heures, elle piaulait d'un petit cri : « Weeweewee » qui signifiait : « Je suis ici. Où es-tu ? » Et le docteur apprit à lui répondre en langage d'oie en disant : « Gangangang. »

Toute sa vie, l'oie suivit Konrad Lorenz. Le visage du docteur devait avoir marqué l'oie dès sa sortie de l'œuf. Habituellement, sa mère est le premier être que découvre un oison. Mais l'image de celui ou celle qui lui a « parlé » en premier reste imprimée dans le cerveau de l'oison, aussi clairement que le message suivant : « Voila ta mère. Reste-lui fidèle ! »

Le même phénomène s'est souvent reproduit. Une fois que les oies furent familiarisées avec les hommes, elles évoluèrent. Bien nourries, elles devinrent trop grosses pour s'envoler, et restèrent au même endroit. C'est ainsi que l'oie sauvage cendrée a perdu la minceur de sa ligne. **Certaines oies devinrent si grasses qu'elles firent la richesse de leurs propriétaires**. En France, le foie gras est fabriqué à partir de foie d'oie (ou de canard) broyé et assaisonné. À l'origine, un foie d'oie n'est pas très gros. Pour qu'il soit plus volumineux, les fermiers gavent les oies ou les canards avec du maïs broyé et des matières grasses deux ou trois fois par jour pendant trois à quatre semaines.

Le duvet est un des plus beaux cadeaux que nous a donné l'oie. Constitué de fines plumes qui servent de sous-vêtement isolé, il se situe sous la couche imperméable de leurs plumes externes. La première personne qui a placé du duvet d'oie entre deux pièces d'étoffe a créé le vêtement le plus chaud et le plus doux inventé à ce jour. Il existe de nombreuses sortes de matelassage, mais le duvet reste le meilleur.

Le canard

Les *eiders* sont aussi renommés pour la qualité de leur duvet. Ces canards vivent le long du littoral rocheux de l'Arctique, où ils ont besoin d'une grande quantité de duvet pour garnir leurs nids et recouvrir leurs œufs. Un édredon piqué en duvet d'eider est plus léger qu'un autre rempli de plumes, mais il coûte plus cher : ce duvet n'est pas facile à trouver. Les personnes chargées de cette récolte perturbent tant les nids de ces canards en

Islande et en Norvège, qu'à l'heure actuelle les endroits de ponte sont clôturés. Des lois strictes limitent la quantité de duvet que chaque personne peut ramasser.

CANARD DE BARBARIE

EIDER

COL VERT

Les *canards de Barbarie*, aussi appelés *canards musqués*, furent domestiqués vraisemblablement au Mexique et les canards colverts le furent en Chine, il y a environ 2 000 ans. Il existe douze espèces de canards domestiques. On en élève certains pour leur viande, d'autres pour leurs œufs et d'autres encore pour les regarder nager dans les étangs de certaines propriétés.

La poule

Le *coq bankiva* d'Asie est l'ancêtre de tous les coqs et de toutes les poules. Il y a 4 000 ans, on suppose que les enfants partaient à la recherche des œufs cachés dans les nids. Les poules ont des plumes brunâtres qui leur permettent de se confondre avec leur environnement. Le coq, lui, a des plumes brillantes d'un brun roux qui se recourbent et forment une longue queue en panache. Une crête rouge vif couronne sa tête. Les coqs bankiva vivent encore de nos jours dans la jungle en Asie, mais dans les basses-cours du monde entier beaucoup de leurs descendants leur ressemblent.

Deux habitudes facilitèrent la domestication des descendants du coq bankiva. Les poules restent en effet sur le territoire de leur coq, et se perchent, tôt dans la soirée, sur les basses branches des arbres. En outre, elles sont précoces, c'est-à-dire capables de quitter le nid à peine sorties de leur coquille. Dès leur naissance, elles trouvent seules leur nourriture, tout en restant sous la protection de leur mère.

Après avoir attiré les coqs bankiva en

lançant des graines à la volée, près des villages, les hommes ont pu les faire pénétrer dans des poulaillers, à l'abri des prédateurs nocturnes. Avec les années, les poules ont peu changé. N'ayant plus à chercher leur nourriture ni à se défendre des animaux sauvages, elles devinrent dodues. Les muscles de leurs ailes s'atrophièrent car elles ne volaient pas loin. Mais aujourd'hui elles se conduisent pratiquement de la même façon que leurs cousins sauvages.

Lorsque deux coqs se battent pour un même territoire, ils se ramassent sur eux-mêmes et se protègent la tête de leurs ailes. Ils essaient d'attraper l'adversaire avec leurs ergots et l'attaquent en lui donnant des coups de bec. D'ordinaire, ils arrêtent le combat avant la mort du plus faible. Dans certains pays, des personnes choisissent les coqs les plus féroces et les entraînent à se battre à mort. Sur les pattes des coqs de combat, ils attachent des lames incurvées qui servent d'éperons, de telle sorte que les combattants se tailladent l'un l'autre. Les combats de coqs sont cruels. Ils sont pourtant autorisés dans certains pays.

Comme les chiens et les chats, les poules et les coqs firent partie des expéditions sur toute la surface du globe. Les Polynésiens emportèrent ces volailles à bord de leurs grandes pirogues, pour effectuer un long voyage sur l'océan Pacifique jusqu'à Hawaii. Il y a cinq siècles, les explorateurs espagnols en importèrent aussi en Amérique du Nord et du Sud.

La dinde

On a toujours trouvé des dindes et des dindons dans les sous-bois au sud-ouest de l'Amérique du Nord. Les dindons sauvages en sont originaires.

Contrairement à aujourd'hui, aux États-Unis, on ne mangeait pas de dindes le jour de Thanksgiving (le dernier jeudi de novembre). Ce repas comportait des prunes sauvages, du riz sauvage, de la venaison, de la viande de canard et d'oie, des anguilles et d'autres poissons, des légumes et du pudding.

La dinde blanche bien grasse, que nous consommons de nos jours lors des repas de fêtes, **est originaire du Mexique**. La dinde sauvage d'Amérique du Sud a des couleurs plus vives, avec des plumes chatoyantes bleues, vertes, bronze et or. Cette espèce-là fut domestiquée.

Le dindon domestique est plus petit que le dindon sauvage. Ce dernier pèse parfois plus de 20 kilos, mais il est capable de voler sur de courtes distances. Au contraire, la dinde domestique en est incapable, car elle est plus nourrie que les autres. Elle est trop lourde ! Enfermée dans des enclos, elle n'a pas à se protéger des prédateurs. Son cerveau est plus petit que celui de son cousin sauvage et elle ne survivrait pas longtemps, seule dans la forêt.

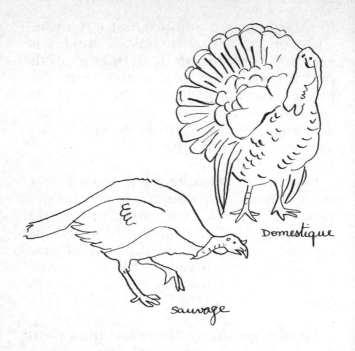

Domestique

sauvage

Dans les ruines de l'ancienne Rome, des instructions concernant l'élevage de la volaille furent retrouvées : les poules devaient être engraissées et le poulailler devait se situer près de la cuisine, de telle façon que la fumée du foyer se répande parmi les poules et tue leurs poux.

Les poules domestiques ne vivent plus selon les règles de leurs ancêtres. La seule règle des Romains qui soit encore en vigueur de nos jours concerne la technique d'engraissage. Peu de poulets et de dindes grattent le sol à la recherche d'insectes succulents et de vers de terre, ou se roulent dans la poussière pour se débarrasser des mites et des poux. Les poules vivent en petits groupes. Le chef est un mâle. Peu se perchent, tôt le soir, et se lèvent à l'aube au chant du coq.

L'élevage de la volaille se fait aujourd'hui en usine et ces oiseaux ne sont plus considérés comme des animaux, mais comme des produits alimentaires. Les poules et les dindes sont enfermées dans des poulaillers industriels, avec air conditionné et lumière artificielle. La nourriture leur est servie sur des tapis roulants et leurs œufs sont récoltés de la même façon.

Une ferme de l'État de New York, élevant chaque année 570 000 poulets, a été récompensée au titre de « Paradis de la poule » par un comité national américain de la volaille, pour « la propreté, l'entretien de ses bâtiments, ainsi que la bonne santé de ses bêtes ».

Les poulaillers industriels sont contrôlés par des ordinateurs qui programment la mise en service ou l'arrêt des ventilateurs. Ils règlent la température et l'éclairage et envoient un signal d'alerte en cas de mauvais fonctionnement. Seulement six personnes sont autorisées à pénétrer dans les poulaillers de cette ferme industrielle, afin de protéger les poules des maladies, telle la bronchite, qui peut être mortelle et détruire une ponte tout entière.

Ainsi, dans une ferme du Middle West, 27 000 poules sont élevées dans un hangar de 9 mètres de large et d'une longueur équivalant presque à deux stades de football. Le propriétaire possède trois autres hangars semblables. La lumière est allumée vingt-trois heures par jour, de manière que les poules continuent à pondre et à s'alimenter. La seule heure sans lumière n'est pas une heure de repos : elle vise à habituer les poules à l'obscurité, afin qu'elles ne paniquent pas en cas de panne de courant. Dans un tel poulailler, le printemps est comme éternel. Les longues périodes de lumière stimulent la ponte, de la même façon que les journées plus longues du printemps.

Dans les petites fermes d'autrefois, il fallait seize semaines pour élever une poule d'à peine 1 kilo. De nos jours, des poulets élevés en batterie peuvent être mis en vente sept ou huit semaines plus tard, alors qu'ils pèsent presque 2 kilos. Dans les années 1920, une poule pondait en moyenne 120 œufs par an, alors qu'elle en pond aujourd'hui 250.

Les éleveurs recherchent toujours le moyen de **créer de nouvelles races de « super-poules »** car une « mini-poule », qui mesure environ les deux tiers d'une poule ordinaire, permet aux producteurs d'œufs d'en avoir davantage dans un même espace. On peut aussi remplacer la lumière du soleil par un apport en vitamine D. Pour empêcher les bêtes de tomber malades, on ajoute des antibiotiques à leur nourriture. D'autres produits chimiques sont parfois mélangés pour donner une couleur « appétissante » et un goût agréable à leur chair et à leurs œufs.

Certaines fermes sont spécialisées dans la couvée des œufs et l'élevage de poussins. D'autres ne font que la production et la vente d'œufs ; d'autres encore ne vendent que les poulets adultes. Environ **48 millions de poules pondent les œufs consommés chaque année en France**, et plus de 125 millions de poulets sont élevés en batterie dans des poulaillers industriels spécialisés dans la production de viande. On peut dire, sans aucun doute, que la domestication a beaucoup changé la poule !

8. Le vaisseau du désert : le chameau

Le 14 mai 1856, au Texas, 34 dromadaires débarquèrent d'un bateau en provenance d'Arabie. Quarante-quatre autres
dromadaires arrivèrent neuf mois plus
tard. Ce furent les seuls dromadaires de
l'armée des États-Unis. Ils vécurent à Camp
Verde, près de San Antonio, pendant dix
ans. Vingt-cinq de ces dromadaires assurè-
rent l'expédition, chargée de surveiller
une nouvelle route allant de Fort Defiance,
au Nouveau-Mexique, jusqu'à la rivière
Colorado, à la frontière californienne.

Les dromadaires étaient très à l'aise
dans les territoires accidentés. Ils avaient
même réussi à traverser une rivière à la

nage, là où 10 mules et 2 chevaux s'étaient noyés. Mais leur unité fut relevée de ses fonctions et ils furent vendus 31 dollars chacun. Le problème ne venait pas des dromadaires, mais des soldats qui n'avaient pas appris la manière de conduire ces animaux.

En Australie, l'expérience fut très différente. Lorsque le premier troupeau de reproduction, composé de 24 dromadaires, arriva en 1860, trois dresseurs les accompagnaient. En 1925, on comptait 13 000 dromadaires, utilisés pour tirer des charrettes, des chariots, des cabriolets et du matériel agricole. Il semblait alors que les dromadaires allaient devenir indispensables. En fait, ils le furent pendant une quarantaine d'années. Mais les chemins de fer, les camions sur les autoroutes et le fret aérien les remplacèrent. En 1966, il ne restait plus que 500 dromadaires domestiques, les autres étaient retournés à l'état sauvage. Ces dromadaires sauvages étaient devenus un tel fléau qu'on les traitait comme de la vermine. Leurs têtes étaient même mises à prix par le gouvernement.

On appelle généralement chameaux les quelque seize millions d'animaux du genre *camelus* vivant dans le monde, dont les neuf dixièmes sont pourtant des dromadaires. On trouve des dromadaires dans le nord de l'Afrique, au Moyen-Orient et en Australie (où ils ont été importés). On rencontre des chameaux dans les régions montagneuses froides de l'Asie et dans les déserts du Moyen-Orient.

Un chameau est un animal à tout faire. On peut le traire, le monter ou l'atteler à une charrue. Il est capable de porter deux fois plus de bagages qu'une paire de bœufs. Sa viande peut être consommée, sa laine transformée en vêtements et sa peau convertie en bon cuir. Même ses excréments, séchés, peuvent être utilisés comme combustible. Un chameau est capable de vivre dix-sept jours sans eau et de marcher sur un sol meuble, là où un camion s'enliserait. Sans l'aide des chameaux, il est clair que les hommes n'auraient pas pu traverser les déserts ou s'établir dans des régions arides.

Si les chameaux sont si utiles, pourquoi ne sont-ils pas aussi nombreux que les vaches ou les chevaux ? Pourquoi ont-ils été domestiqués si longtemps après les chèvres et les moutons ?

Il faut savoir que **le chameau n'est pas un animal facile à approcher.** Il est orgueilleux et têtu. Il peut donner des coups de pied mortels et crache parfois un liquide malodorant. On l'appelle vaisseau du désert car, sur le sable, il oscille sur ses jambes souples et silencieuses, comme un bateau sur la mer. Le chameau va l'amble, ce qui signifie qu'il se déplace en levant en même temps les deux pattes du même côté lorsqu'il court. Certaines personnes ont le mal de mer lorsqu'elles le montent.

Et puis il y a la selle. Comment résoudre le problème posé par leur bosse ? Cette excroissance n'est pas molle mais se déforme sous le poids d'un lourd fardeau. C'est une masse de graisse qui diminue à mesure qu'elle est transformée en énergie et en eau.

Pour monter cet animal, on a le choix entre trois possibilités : se tenir directement en avant de la bosse, placer une selle derrière la bosse, ou encore attacher sa selle à un cadre qui repose de part et d'autre de cette bosse. Et cela n'est valable que pour le chameau à une bosse, appelé aussi dromadaire. D'autres problèmes surgissent lorsqu'il s'agit de monter un chameau à deux bosses !

Dans le nord de l'Arabie, la meilleure selle conçue comporte deux larges arçons en forme d'arcades. Chaque arçon repose sur des coussinets, appelés sellettes, l'un en avant et l'autre en arrière de la bosse. Ces coussinets sont joints par deux morceaux de bois. Un autre coussinet est placé sur cette structure de manière que le poids du conducteur ne repose pas uniquement sur la bosse, mais soit réparti sur la cage thoracique du chameau.

Monter sur une selle de chameau est déjà difficile, mais en descendre peut être périlleux. Un voyageur décrit ainsi sa descente, lorsque le chameau s'agenouille : « Cette étrange créature s'accroupit à l'avant, ce qui vous force à vous accrocher à son cou ; puis les pattes postérieures se replient et vous êtes encore secoué brusquement ; vous pouvez alors vous glisser doucement à terre, à moins que le chameau ne change brusquement d'avis et ne se relève, auquel cas votre descente est très spectaculaire. »

Un dessin ancien montre deux personnes à dos de chameau, en face l'une de l'autre. Il se peut que cette tribu arabe n'ait pas eu assez de chameaux ou alors qu'un homme guidait l'animal tandis que l'autre lançait des javelots ou décochait des flèches. Les chameaux furent souvent mis à contribution au cours des guerres. Ils sont plus grands que les chevaux, ce qui permet au cavalier de voir plus loin. D'autre part, ils sont capables de se déplacer sur le sable meuble qui arrêterait des chevaux. De nos jours, les corps d'armée du désert de Jordanie sont fiers de leurs chameaux, qui peuvent patrouiller dans des zones où même des véhicules à quatre roues motrices ne pourraient pas passer.

Malgré tous ses défauts, **le chameau est idéal pour le désert.** Sa peau épaisse lui sert d'isolant durant les chaudes journées et les nuits glaciales de ce pays. Ses narines ont la capacité de se fermer lors des tempêtes de sable et ses yeux sont protégés par des paupières supplémentaires en saillie ainsi que par de longs cils épais. Un chameau peut absorber plus de 135 litres d'eau en dix minutes et ne les perd pas en transpiration. De plus, la température de son corps peut s'élever de 6 degrés sans inconvénient ! Si nous ne pouvions pas refroidir notre corps en transpirant quand sa température augmente de quatre ou cinq degrés, nous serions vraiment en grave danger.

La domestication des chameaux s'est faite de manière très indirecte. Il y a des millions d'années, les premiers représentants de l'espèce vivaient en Amérique du Nord. Ils n'étaient pas plus grands que des lapins. Pendant la première glaciation, alors que de grands glaciers avaient envahi le continent, des ancêtres du chameau migrèrent en direction de l'Amérique du Sud. D'autres se dirigèrent vers l'Asie par la bande de terre qui reliait alors ce continent à l'Amérique du Nord, ceux qui restèrent sur place disparurent. Par la suite, ces anciennes créatures se transformèrent en chameaux à longues pattes, que nous connaissons aujourd'hui.

Certains scientifiques affirment que tous les dromadaires vivants actuellement, qu'ils soient domestiques ou sauvages, sont tous des descendants de chameaux anciennement domestiqués, car ils pensent que l'apparition de la bosse est liée à la domestication par l'homme. Il s'agit là d'une hypothèse difficile à démontrer. Les chercheurs actuels se rallient plutôt à l'idée que la ou les bosses existaient déjà chez l'animal sauvage. Après des milliers d'années de domestication, **le chameau n'a pas beaucoup évolué**, même s'il en existe différentes races locales. L'une d'entre elles est le méhari à longues pattes, qui sert essentiellement pour la selle. D'autres races sont élevées pour servir de bêtes de somme, et d'autres encore pour fournir du lait et de la laine.

dromadaire

Le dromadaire a probablement vécu à l'état sauvage en Afrique du Nord et en Arabie où on les trouve aujourd'hui. Les Égyptiens n'avaient pas trouvé de nom pour désigner ces animaux, alors que les dromadaires travaillaient déjà en Arabie, 4 000 ans av. J.-C. Tant que les pays du Moyen-Orient disposaient de riches pâturages, les habitants n'en avaient pas besoin. Mais, petit à petit, le climat a changé, et de longues années de sécheresse transformèrent des régions entières en déserts. Les dromadaires devinrent alors si précieux qu'ils remplacèrent, dans cer-

taines régions, les charrettes et les chariots. Une charrette tirée par des bœufs
nécessite un conducteur pour deux bêtes,
alors qu'une seule personne peut conduire
une caravane de six dromadaires. De plus,
les chariots restent bloqués dans le sable,
alors que les dromadaires peuvent continuer leur route, même sur des terrains difficiles, tout en transportant deux fois plus
de charge. Il n'est donc pas étonnant que
les dromadaires soient devenus les « vais-
seaux du désert », sur lesquels les
nomades comptaient pour traverser ces
régions, d'oasis en oasis.

Il en va autrement pour le **chameau de
Bactriane, à deux bosses**. Ces chameaux robustes, avec leurs poils plus
longs et plus épais, sont particulièrement
adaptés au climat plus froid de l'Asie centrale et du nord de la Chine. Pendant des
milliers d'années, ils furent attelés à des
charrues et à des charrettes ; ils sont en
fait plus connus pour leurs longues expéditions à travers les montagnes et les
plaines. Sans l'aide des caravanes de chameaux, il eût été impossible d'établir le
commerce de l'encens, de la soie et des
épices entre l'Orient et l'Europe.

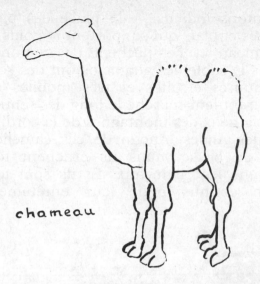

chameau

Quatre cousins du chameau vivent dans les montagnes d'Amérique du Sud. Ils font partie de la famille des camélidés : ce sont les *lamas* et les *alpagas* domestiques, les *vigognes* et les *guanacos* sauvages. Le guanaco descend directement du chameau préhistorique de la taille du lapin. Il a migré vers le sud, il y a des millions d'années.

Ces quatre camélidés ont un corps râblé, de longues pattes, un long cou, une petite tête et des oreilles pointues. Les premiers Européens qui les aperçurent en Amérique du Sud les appelèrent les moutons indiens. À la place des pieds larges et plats qui supportent le poids du chameau et l'empêchent de s'enfoncer dans le sable, les guanacos ont des soles plantaires étroites et très mobiles qui assurent leur marche le long des sentiers vertigineux des montagnes de la cordillère des Andes. Aucun de ces camélidés n'a de bosse, mais ils crachent tous comme les chameaux. Et ils sont tous bien connus pour leur entêtement.

Vigogne

Lama

Alpaga

Guanaco

Un lama par exemple peut porter environ 60 kilos, et il fait savoir à tout le monde si sa charge est trop lourde. Il crache, siffle, donne des coups de pied ou se couche tout simplement jusqu'à ce que son fardeau soit allégé.

Il y a des milliers d'années, les **Incas créèrent les lamas et les alpagas à partir des guanacos sauvages.** Une théorie récente prétend que l'alpaga aurait été créé à partir de la vigogne. Personne ne sait, de ces deux animaux, lequel a vu le jour en premier, mais chacun répondait à un besoin différent. Le lama, qui possède un nom savant facile à mémoriser, *Lama glama*, était et est encore un animal à tout faire. Il sert de moyen de transport, produit de la viande, de la laine, des peaux et du combustible grâce à ses excréments séchés. Tous les deux ans, les femelles sont tondues et chacune fournit un peu plus de trois kilos de laine. Les mâles sont utilisés comme bêtes de somme et on ne les tond pas, parce que leur épaisse toison fait un excellent coussin naturel pour supporter les charges qu'on empile sur leur dos.

Il y a 1 000 ans, au temps de la grande civilisation inca, les lamas étaient sacrifiés lors des cérémonies religieuses. Le premier jour de chaque mois, des lamas d'une blancheur parfaite étaient offerts pour satisfaire les dieux du soleil. Leur chair était jetée dans des brasiers, et leurs os étaient finement broyés afin de servir de médicaments ou de poudres magiques. Pour disposer d'autant de lamas blancs, les fermiers incas ont dû en faire l'élevage.

L'alpaga a des poils plus longs que le lama, certains tombent sur leurs yeux à la manière des chiens de bergers. On l'élève pour sa laine, qui est aussi douce que le duvet d'oie. Les manteaux et les écharpes en alpaga coûtent très cher. Dans la communauté inca, les troupeaux domestiques de lamas et d'alpagas étaient la propriété de l'État et étaient surveillés par de jeunes garçons âgés de neuf à seize ans. Une fois la laine tondue, on la donnait à une femme mariée de la communauté pour qu'elle la file. Ce fil était ensuite transmis à d'autres femmes qui en tissaient des étoffes.

La vigogne est la plus petite race des quatre camélidés et possède les poils les plus soyeux et les plus brillants. C'est un animal sauvage. Tous les quatre ans, les troupeaux étaient rassemblés par les Incas pour la tonte, puis relâchés. Les quelques centaines de grammes récupérées sur chaque animal servaient uniquement à confectionner les magnifiques robes de cérémonie des chefs de l'Empire inca, qui passaient pour des dieux. On différenciait ainsi les vêtements des gouvernants de ceux du peuple.

Le lama et son cousin l'alpaga ont un port altier, comme le chameau. Mais il leur est impossible de passer trois jours sans boire ni manger. Peut-être ont-ils entendu parler des tristes débuts du chameau sur terre, qu'avait imaginés Rudyard Kipling dans une de ses *Histoires comme ça*.

Au commencement du monde, le chameau était si hautain qu'il refusa de porter des charges, de labourer, ou encore de travailler plus de trois jours. Le cheval, le chien et le bœuf se plaignirent alors au djinn qui avait la responsabilité de tous les déserts. Mais le chameau répondit : « Hump* ! » en haussant les épaules avec mépris. Après que le djinn l'eut averti de ne pas recommencer, le chameau lui répondit de la même manière. Alors le djinn plaça sur son dos une bosse. « Et depuis ce jour, le chameau à une bosse ; mais il n'a jamais rattrapé son retard des trois premiers jours, et il n'a toujours pas appris à se tenir correctement. »

* Ce mot signifie aussi « bosse » en anglais.

9. Le tisserand et l'ouvrière : le ver à soie et l'abeille

Il y a 2 000 ans, la soie valait son pesant d'or. Et ce n'est pas étonnant. Il faut en effet plus d'un millier et demi de kilomètres de fil de soie pour confectionner une livre de soie grège. Comment quelqu'un a-t-il pu imaginer le moyen de fabriquer cette magnifique étoffe à partir du cocon d'un insecte ?

Le ver à soie

Le ver à soie est tellement domestiqué qu'il ne peut vivre sans l'aide de l'homme. En fait, le bombyx du mûrier (papillon du ver à soie) ne peut même plus voler. Toutes les chenilles produisent des fils de soie qui durcissent à l'air au fur et à mesure qu'ils sortent des glandes sérici-gènes situées dans leur bouche. Elles utili-sent ce fil pour construire leurs cocons. Mais le ver à soie domestique file cette soie comme aucun autre. Elle a été appelée l'étoffe des rois. Elle est si lisse que la sale-té ne peut s'y accrocher et si élastique que les vêtements confectionnés à partir de cette matière gardent leur forme plus longtemps. Elle est deux fois plus solide qu'un fil de fer de la même longueur.

Une légende chinoise, vieille de plu-sieurs milliers d'années, raconte l'histoi-re de l'impératrice Si Ling-Shi, qui pre-nait le thé sous un mûrier, dans le jardin de son palais. Elle observait sur une branche un ver blanc qui bougeait la tête d'avant en arrière. Ce ver tissait un fil brillant et doré, jusqu'à ce qu'il se soit complètement enveloppé dans un cocon. On raconte que l'impératrice fit malen-contreusement tomber ce cocon dans son thé. Lorsque le cocon se réchauffa, les fils se relâchèrent et l'impératrice put le dévi-der. Depuis lors, *Shi* est le mot qui signi-fie soie en chinois. Les femmes de la famille royale étaient les seules à pouvoir nourrir ces vers, à dévider la soie et à la tisser. Pendant 2 000 ans, les Chinois gardèrent secrète la fabrication de la soie. Quiconque était pris en train de voler des vers à soie ou leurs œufs se voyait condamné à mort. En 2630 av. J.-C., l'empereur Huang-ti donna l'ordre à sa femme de montrer au peuple comment élever les vers à soie, et il ouvrit, chaque année, en grande pompe, la saison de la culture.

Le ver à soie de Chine est un grand papillon blanc, dont le nom savant est *Bombyx mori*. Sur ses ailes magnifiques se dessinent des lignes noires. Chaque femelle pond de 200 à 500 œufs, que l'on conserve au frais. Il en sort de minuscules larves, pas plus épaisses que des cheveux. Elles commencent à manger des feuilles de mûrier dont chaque larve consomme quotidiennement son propre poids en feuilles. Pendant cinq semaines, on entend le bruit incessant de leur mastication. Puis la larve se transforme en ver qui mesure un peu moins de 10 centimètres et qui est aussi gros que le petit doigt d'un homme. Le ver commence à tisser son cocon et, pendant trois jours, s'enroule dans la soie, en dessinant des huit.

Aujourd'hui, **les cocons à maturité sont envoyés dans des usines, où la soie est dévidée par des machines** ; un cocon peut fournir entre 600 et 900 mètres de fil de soie. Mais, pendant plusieurs siècles, les femmes étaient obligées d'ébouillanter les cocons et de les dévider à la main un par un. La méthode était gardée secrète. Ce n'était jamais le fil ou les vers à soie que les Chinois vendaient aux autres pays, mais les vêtements complètement terminés.

Le secret s'est pourtant peu à peu ébruité. Une princesse chinoise qui était sur le point d'épouser un prince étranger, ne voulant pas abandonner la fabrication de la soie, cacha quelques œufs dans son épaisse chevelure et les emporta avec elle. L'industrie de la soie s'étendit à la Corée, au Japon, et dans le sud de l'Asie. En 552, un empereur perse envoya quelques prêtres en Chine avec l'ordre de lui rapporter des vers à soie. Les quelques vers qui survécurent au voyage, cachés dans des cannes creuses de bambou, furent assez nombreux pour mettre en route l'industrie de la soie en Europe.

Les vers à soie sont les seuls insectes véritablement domestiqués. Les abeilles travaillent pour nous, mais sont libres d'aller et venir comme bon leur semble.

L'abeille

Durant des milliers d'années, le miel était l'unique édulcorant que l'on employait pour sucrer les pâtisseries et les boissons. Les hommes de l'âge de pierre, qui vivaient de chasse et de cueillette, durent observer comment les ours dénichaient les ruches dans les arbres creux et en extrayaient du miel collant. Ils les imitèrent. De plus, ils découvrirent par hasard, après un incendie de forêt, que la fumée effrayait les abeilles – l'accès à la ruche allait devenir plus facile. Les hommes utilisèrent donc probablement des torches pour enfumer les abeilles afin de leur prendre du miel frais.

En Afrique, *l'indicateur (l'oiseau à miel)* adore manger la cire d'abeilles et les larves, mais il n'est pas assez fort pour entrer dans les ruches si bien nichées à l'intérieur des troncs d'arbres. Il doit, pour accéder à ses désirs, s'associer au *ratel (blaireau africain)*, lui aussi friand de miel. Le blaireau est court sur pattes et sa peau est si épaisse qu'une abeille ne peut le piquer. Lorsqu'il voit l'indicateur battre des ailes et pousser des cris aigus autour d'un arbre, il entre en action. À l'odeur du miel, le ratel repère l'arbre et arrache la ruche avec ses longues griffes. Les peuples d'Afrique, qui aiment aussi le miel, ont appris depuis longtemps à suivre l'indicateur et à dénicher la ruche avant le blaireau.

Lorsqu'une abeille vole de fleur en fleur, elle récolte le pollen et aspire le nectar. Le pollen d'une fleur correspond à son sperme. Il faut qu'il atteigne le pistil de la fleur pour que la plante puisse produire des graines. L'abeille collecte le pollen dans une corbeille située sur ses pattes postérieures. Lorsqu'elle se pose ensuite sur une fleur de même espèce, elle y dépose un peu de pollen qui fertilisera cette fleur. Sans les abeilles, les fermiers seraient très embarrassés, car ils n'auraient aucun moyen d'obtenir une nouvelle récolte de pommes, de poires, de trèfle ou de la plupart des plantes. Le surplus de pollen restant dans les corbeilles des pattes de l'abeille est rapporté à la ruche, où il sera emmagasiné pour nourrir les jeunes abeilles, appelées larves.

C'est le nectar sucré des fleurs qui se transforme en miel. Lorsqu'une abeille aspire le liquide clair et aqueux d'une fleur d'arbre, le nectar va dans leur estomac, appelé jabot. Le saccharose du nectar est alors digéré et transformé en lévulose, ou fructose, et en dextrose, ou glucose. Une fois que les abeilles ont déposé ces sucres dans les cellules de la ruche, dites alvéoles, la majeure partie de l'eau s'évapore et les sucres s'épaississent, donnant le miel.

Le goût du miel dépend de la fleur dont il est tiré. Les miels de luzerne et de trèfle sont les plus connus. Le miel de couleur blanche provient des fleurs d'orangers et de sauge blanche. Le miel de sarrasin est riche en goût et foncé. En automne, les abeilles font aussi du miel plus foncé à partir de la verge d'or.

Moyen-Age, Prise d'un essaim
© Collection Viollet

L'apiculture est l'art de connaître le mode de vie des abeilles et l'aptitude à devancer leurs besoins. Les apiculteurs savent bien entendu que c'est la reine qui gouverne la ruche et pond tous les œufs. Elle est en fait la mère de toute la colonie. Sans elle, les autres abeilles sont inutiles. Les abeilles ouvrières la nourrissent, prennent soin de ses œufs, collectent le nectar et le pollen, et fabriquent la cire et le miel. En battant leurs ailes comme des petits ventilateurs, les ouvrières peuvent réchauffer l'air de la ruche en hiver et le refroidir en été. Elles gardent aussi l'entrée et chassent tous les intrus, y compris les abeilles provenant d'autres ruches.

Les mâles sont aussi appelés faux bourdons et ils n'ont qu'une seule mais importante fonction : ils doivent fertiliser les millions d'œufs pondus par la reine. Il n'y a pas de roi dans une ruche. La reine peut pondre de 1 500 à 3 000 œufs par jour, et durant ses quatre à cinq années de vie elle peut engendrer environ 2 millions d'œufs. Chacun d'eux est déposé dans une alvéole de cire, une cellule hexagonale construite par les ouvrières.

D'autres rayons de ces alvéoles servent à stocker le miel qui leur servira de nourriture pendant l'hiver.

Une colonie peut féconder de 28 à 35 millions de fleurs par jour. Elle parcourt 960 000 kilomètres l'été. Elle produit 5 grammes de miel par jour. Afin de produire 1 kilo de miel, les abeilles d'une colonie parcourent 24 000 kilomètres.

Le nombre d'abeilles dans un essaim s'élève à 40 000, voire 50 000 en période de récolte. En France, une personne consomme environ 380 grammes de miel par an. La production de miel s'élève chaque année à 16 000 tonnes et, sur 100 000 possesseurs de ruches, seulement 1 500 peuvent vivre de leur métier d'apiculteur.

Une ouvrière âgée d'environ dix jours est capable de produire de la cire grâce aux glandes situées sous son abdomen. Lorsque les morceaux de cire suintent entre les anneaux de son abdomen, elle les mâche et les façonne pour construire ou réparer les alvéoles. Âgée d'une vingtaine de jours, elle peut commencer à monter la garde à l'entrée, pour s'assurer qu'aucune abeille étrangère ne s'introduit dans la ruche. Seules les ouvrières plus âgées sont habilitées à sortir pour rapporter du pollen, du nectar, de l'eau et de la propolis, sorte de colle d'abeille. Elles recueillent cette matière résineuse (la propolis gommeuse) sur les bourgeons et l'utilisent pour boucher les fissures ou agrandir la taille de la ruche.

Même si nous les connaissons depuis des millions d'années, **nous ignorons encore certains secrets des abeilles.** Mais nous en savons sûrement plus que les premiers hommes qui s'en sont occupé.

Une légende affirme que les abeilles sont issues des bœufs. Il faut simplement mettre le cadavre d'un bœuf dans une pièce, le saupoudrer de thym et sceller soigneusement la pièce. Trois semaines plus tard, on aère l'endroit un moment, puis on referme la pièce soigneusement. Lorsqu'on ouvre de nouveau ce lieu, onze jours plus tard, un essaim d'abeilles doit être prêt à sortir. On prétend que le « roi » des abeilles de cet essaim provient du cerveau du bœuf. Mais cette légende n'indique pas comment se débarrasser de l'odeur pestilentielle et de l'horrible aspect de cette charogne !

Lorenzo Langstroth, un apiculteur américain, laissait toujours entre les rayons un espace compris entre 7 et 9 millimètres. Un rayon est un gâteau de cire constitué de milliers d'alvéoles. Les ouvrières continuent de construire des cellules jusqu'à ce qu'il n'y ait plus de place, et les remplissent de miel. L'espace de 8 millimètres, entre chaque rayon et le bord de la ruche de l'apiculteur, est rempli de propolis et recouvert de cire. La découverte de M. Langstroth fut très précieuse pour les apiculteurs car ils apprirent qu'en ajoutant des couches tout en haut des ruches les abeilles continueraient à construire des alvéoles qu'elles rempliraient de miel. Les apiculteurs prélèvent le miel excédentaire dont les abeilles n'ont pas besoin pour se nourrir.

Nous utilisons la cire d'abeilles de la même façon que nos ancêtres pour en faire des bougies, pour la fondre en forme de fruits et de fleurs artificielles ou pour la transformer en produits cosmétiques et en pommades. Nous l'utilisons aussi pour en faire de la cire d'ameublement, de la toile cirée et certaines encres d'imprimerie. Beaucoup de produits pour un si petit animal !

À l'âge de pierre, un artiste qui vivait

dans la contrée appelée aujourd'hui l'Espagne a peint sur le mur d'une caverne une fresque représentant une personne qui récoltait du miel d'abeilles sauvages. Il y a 4 500 ans, les Égyptiens nous laissèrent, sur les murs de certains temples, des indications pour élever les abeilles. Il se peut que les apiculteurs de notre temps aient de meilleurs outils ou soient mieux protégés par des vêtements qui les recouvrent complètement, mais les abeilles dont ils s'occupent ne sont pas différentes de celles que ce peintre a représentées à l'âge de pierre. **Des spécialistes ont essayé de domestiquer les abeilles en élevant de nouvelles reines,** mais sans résultat significatif à ce jour. Les abeilles continuent de vivre comme il y a des millions d'années : libres, et au service de l'homme.

10. Les petites créatures

Est-ce que le gros lapin blanc de l'animalerie, le cochon d'Inde dans une cage à l'école, le pigeon picorant des graines au creux de votre main, ou le minuscule poisson rouge que vous avez gagné à la foire et que vous rapportez chez vous dans un sac en plastique, furent un jour des animaux sauvages ? Bien sûr, même si cela semble difficile à croire.

Le lapin

Les lapins se reproduisent très rapidement. À quatre ou cinq mois, une lapine peut avoir sa première portée. En trente jours, elle est capable d'engendrer 8 ou 9 petits et peut avoir jusqu'à 6 portées pendant le printemps et l'été de la même année. Si tous ces lapereaux issus d'un même couple de lapins survivaient et avaient à leur tour des petits, cela donnerait plus de 33 millions de lapins en trois ans ! Mais ils ne survivent pas tous. Neuf sur dix sont tués par des prédateurs : faucons, loups, hiboux, serpents, coyotes, pumas, lynx, et hommes.

S'ils n'étaient pas mangés par des prédateurs, **les lapins pourraient envahir les terres**. En 1859, 24 lapins arrivèrent en Australie sur le bateau *Lightning* : l'Éclair. Ils furent laissés en liberté dans un ranch, où ils commencèrent à se reproduire justement à la vitesse de l'éclair. Ils rasèrent toute l'herbe et tous les arbustes destinés à nourrir les moutons.

Il faut savoir que 5 lapins mangent autant qu'un mouton ! En trois années, des millions de lapins transformèrent des milliers de kilomètres carrés de pâturages en déserts de poussière. Les fermiers se défendaient en vendant la viande et les peaux des lapins qu'ils avaient tués, et en entourant leurs champs de clôtures pour leur barrer la route. Mais rien ne les arrêta. Leur propagation se modéra seulement dans les années 1950 en Australie, lorsqu'une maladie les décima.

En 1951 au New Jersey, 20 000 lapins furent mis dans une réserve pour des chasseurs. Cela coûta à l'État 27 000 dollars pour s'en occuper et les tenir loin des champs. Cependant, à l'ouverture de la saison de la chasse, il ne restait plus que 1 600 lapins : des prédateurs avaient précédé les chasseurs !

Sur la plupart des continents, **depuis l'homme des cavernes, les lapins ont fourni de la nourriture et des vêtements.** Les lapins de ces temps reculés n'étaient pas très différents des lapins sauvages vivant actuellement et que nous appelons communément lapins de garenne. Ils étaient eux aussi faciles à piéger, délicieux à manger et leurs fourrures étaient douces et chaudes.

Autrefois, en automne, les Indiens des plaines américaines faisaient des battues de lapins. Alignés les uns à côté des autres, épaule contre épaule, ils marchaient à travers champs, en poussant l'animal dans des pièges. De cette manière, ils obtenaient une quantité suffisante de viande qu'ils faisaient sécher pour l'hiver et, avec les peaux, ils fabriquaient des vêtements chauds.

Les anciens Romains enfermaient les lapins de garenne dans des jardins murés. Ils pouvaient ainsi en attraper quelques-uns dès qu'ils avaient besoin de viande. Ils appréciaient particulièrement la viande tendre des lapereaux : les très jeunes lapins.

Au Moyen Âge, et particulièrement au XVe et au XVIe siècle, les lapereaux étaient tellement recherchés qu'on les domestiquait. Lors de certaines fêtes, l'Église catholique interdisait aux hommes de manger de la viande rouge, mais elle leur permettait de consommer la chair blanche des poissons ou des lapereaux. C'est à cette époque que, dans les monastères français, les moines commencèrent à élever des lapins pour les manger.

Les éleveurs de lapins s'occupent de dizaines de races domestiques. Les lapins nains qui servent d'animaux de compagnie pèsent à peine 1,5 kilo, alors que certaines variétés que l'on élève pour leur chair peuvent peser jusqu'à 9 kilos. Leur pelage va de l'uni blanc, noir, chocolat, gris-bleu, doré jusqu'à un mélange de couleurs. Les lapins blancs angoras, dont on file la fine fourrure soyeuse, sont tondus quatre fois par an.

ANGORA

Les lapines domestiques ont des portées plus importantes que leurs cousins sauvages, et elles peuvent les avoir à n'importe quelle saison. Mais un lapin domestique ne survivrait pas longtemps s'il était abandonné dans la nature. La domestication a amoindri le cerveau et le cœur des lapins. Ils ne possèdent plus ces sens aiguisés de l'odorat, de la vue et de l'ouïe qu'ont les lapins de garenne pour survivre. Mais les lapins domestiques, en l'occurrence ceux de compagnie, n'ont plus besoin de ces atouts. Nous les aimons parce qu'ils sont affectueux, qu'ils n'aboient pas et qu'ils n'abîment pas les meubles en les grattant. Il est par ailleurs facile de leur apprendre à faire leurs besoins dans des litières.

Comme animaux de ferme, les lapins ne coûtent pas cher à élever et ils ne prennent pas beaucoup de place. On dépense peu pour leur nourriture et leur chair contient peu de graisse. Si un jour notre planète était surpeuplée et en manque de pâturages pour le gros bétail, nous pourrions tous être conduits à manger des lapins de ferme.

Les poissons

Nous mangeons déjà du poisson élevé dans des viviers. **Les Chinois furent les premiers à sélectionner et à nourrir les poissons.** Une légende de ce pays, vieille d'un millier d'années, parle d'une terrible période de sécheresse qui a duré une centaine de jours. L'empereur Ping supplia les dieux d'envoyer la pluie et ses prières furent exaucées. Les dieux envoyèrent non seulement la pluie mais aussi les carpes, ces « *miracles venus du ciel* ». Depuis, ce sont les moines qui se sont occupés de ces poissons dorés dans les temples sacrés. Quiconque était pris en train de les pêcher ou de les manger risquait un terrible châtiment.

La carpe chinoise est l'ancêtre des poissons rouges. Ces poissons nageaient dans les bassins des jardins si bien que les moines élevèrent les plus belles variétés afin de les contempler. Au cours des années, les poissons changèrent de taille, de couleur et de forme. Sur certaines espèces se développèrent de longues queues gracieuses et de chatoyantes écailles transparentes. Puis les poissons se colorèrent : certains en blanc, en noir, en or foncé ou en rouge ; d'autres avec des motifs parsemés de taches bleues. On leur donna des noms comme *tête de lion, télescope, écaille perlée, pompom, œil du ciel* et *queue de voile*.

La plupart de ces poissons transformés pour le plaisir des yeux n'auraient pas survécu seuls dans la mer. L'œil du ciel, la perche arc-en-ciel, par exemple, avec ses yeux exorbités semblant toujours regarder le ciel, seraient incapables de rivaliser avec un autre poisson pour fouiller le fond des étangs à la recherche de nourriture. Il en va de même pour la tête de lion, avec son pompon ressemblant à une groseille. L'homme doit lui donner à manger.

Au Japon durant le XVIe siècle, les éleveurs de poissons, les pisciculteurs, remplissaient leurs bassins avec des *koïs*, une autre variété de carpe dorée. Pendant des siècles, les éleveurs japonais et chinois conservèrent secrètement leurs méthodes, **l'élevage des poissons étant un métier plein de risques.** « Tout peut arriver, et c'est d'ailleurs généralement le cas », déclare un éleveur. « Pour une centaine d'œufs pondus, on n'arrive à mettre sur le marché qu'environ 6 à 8 adultes. » Les maladies et les parasites peuvent tuer les alevins ou les affaiblir, supprimant ainsi leur commercialisation.

Il n'existe pas de taille moyenne chez le *poisson rouge*. Elle dépend de son environnement. Un poisson rouge élevé dans un petit aquarium peut mesurer 10 centimètres, mais un autre œuf de la même couvée, élevé dans un grand bassin, peut aller jusqu'à 30 centimètres de long. Sa taille dépend aussi de la quantité de nourriture qu'il mange et de son état de santé.

Le premier poisson rouge arriva en Angleterre en 1691. Les citoyens des U.S.A. ne le découvrirent qu'en 1850, lorsque P.T. Barnum en fit une attraction dans son cirque. En 1865, les marchands d'animaux de compagnie de New York en vendaient par milliers. Tous les ans, plus de 60 millions de poissons rouges sont vendus aux États-Unis, ce qui en fait un marché plus important que celui des chiens ou des chats.

La cousine brune du poisson rouge de compagnie est la *carpe commune*, qui peut vivre dans presque toutes les eaux. Elle est capable de se développer aussi bien dans l'eau de mer, l'eau saumâtre que dans l'eau douce. Elle est celle qui nettoie le fond des lacs, des étangs et des rivières. Les carpes sont faciles à attraper et à élever dans de petits viviers. Mais dans le sud des États-Unis, certains pisciculteurs élèvent des carpes à la chaîne par centaines de milliers, dans d'immenses bassins. Cette industrie alimentaire a pris de très grosses proportions et ce marché représente des millions de dollars.

Dans les fermes de l'Idaho (États-Unis), les pisciculteurs élèvent le poisson *tilapia*, avec des restes de récoltes de pommes de terre. Ce poisson a un goût agréable et vit habituellement dans la mer de Galilée ou dans les grands lacs d'Afrique et d'Amérique du Sud. Son corps est entièrement gris ou noir, sa bouche est grande et il mesure jusqu'à 45 centimètres de long.

En Norvège, les pisciculteurs élèvent des *flétans*, ou *halibuts*, *nains*. En plein océan, un flétan âgé de quarante ans peut peser jusqu'à 180 kilos. Son goût ne diffère pas du tilapia, mais ce poisson devient adulte après seulement 3 ou 4 ans, lorsque son poids atteint 7 kilos. Au Cape Cod, les pisciculteurs élèvent des coquilles Saint-Jacques et, au Japon, ils élèvent des poulpes, des calmars, et des huîtres.

L'huître

Les habitants de la Rome antique savaient déjà qu'une jeune huître était une minuscule larve ressemblant à un ver qui nageait à la recherche d'un point d'ancrage. Ils mirent donc des brindilles dans l'eau, en attendant que des larves s'y accrochent et grandissent. Il ne leur restait plus ensuite qu'à sortir les brindilles de l'eau pour recueillir les huîtres.

En France et dans beaucoup d'autres pays, les ostréiculteurs pratiquent l'élevage de l'huître selon la même idée, mais avec des moyens plus sophistiqués. Les Français consomment actuellement 80 000 tonnes d'huîtres par an. **La France**

est placée en quatrième position dans la production d'huîtres.

Les huîtres produisent des perles, dont on fait de magnifiques bijoux. Si un grain de sable ou un morceau de corail pénètre dans une coquille d'huître, cela irrite l'animal, comme le feraient de petits cailloux dans nos chaussures. L'huître ne peut pas se gratter ou s'en débarrasser, mais elle peut recouvrir ce corps étranger d'une douce substance blanche, appelée nacre, la même matière dont elle garnit l'intérieur de sa coquille. Plus la perle reste dans la coquille de l'huître, plus elle devient grosse.

Les perles coûtent cher, car les plongeurs doivent les ramener des profondeurs de l'océan. C'est un travail dangereux où la part laissée à la chance est importante. En effet, comment savoir si une huître contient une perle ?

Au XIIIe siècle, les Chinois inventèrent un moyen pour encourager les huîtres à produire des perles. Ils ont fait les premières perles de culture en ouvrant des coquilles de moules d'eau douce et en y insérant un minuscule bout d'os ou de bois. Puis ils refermaient les moules et les remettaient dans leurs bancs pendant trois ans. Ces perles étaient belles, mais elles étaient plates d'un côté si bien qu'il en fallait deux pour former une perle ronde.

En 1892, Kokichi Mikimoto, éleveur de perles japonais, mit au point le procédé de culture des premières perles entières. Il inséra, avec grand succès, de minuscules grains de nacre dans des huîtres perlières d'eau de mer. Au Japon, il existe aujourd'hui plus de 2 000 fermes de culture de perles. Il y en a aussi en Australie ainsi qu'au large des côtes californiennes, et certaines des plus belles perles de culture du monde proviennent du golfe Persique.

Le pigeon

Le pigeon a été au menu de l'homme pratiquement depuis son apparition sur terre. Les pigeons actuels sont les descendants des pigeons bisets qui se perchaient sur les falaises. En Égypte, ils

se nichaient sur les saillies des pyramides. Les pigeons bisets étaient faciles à
attraper. Il suffisait de poser un peu de
grain par terre et de jeter un filet sur eux
qui se précipitaient pour manger. Dans la
Rome antique et en Grèce, les pigeons
bisets devinrent un symbole d'amour et
de pureté, et ces oiseaux furent souvent
offerts en sacrifice aux dieux. Mais, le
plus souvent, on les mangeait, en particulier les jeunes et tendres pigeons, appelés
pigeonneaux.

Un récit de la Bible nous conte qu'après
quarante jours et quarante nuits de pluie
Noé envoya une blanche **colombe** à la
recherche d'une terre émergée. Lorsqu'elle revint sur l'arche, tenant une
branche d'olivier dans son bec, Noé sut
que le déluge avait cessé. Depuis les
temps historiques les plus reculés, les co-
lombes et les pigeons ont été utilisés pour
envoyer des messages. Il y a 3 100 ans, un
sultan de Bagdad possédait un système
de courrier avec des pigeons, dont il se
servait pour son usage personnel.

**Les pigeons voyageurs furent utilisés
même après l'invention du télégraphe.**
Ce dernier en effet pouvait tomber en

panne. En temps de guerre, les armées comptaient sur les pigeons pour transmettre des messages quand aucun homme ne pouvait traverser les lignes ennemies.

On considère que 1 600 kilomètres sont un vol de longue distance pour cet oiseau. Mais un pigeon des services de transmission de l'armée des États-Unis a volé plus de 3 700 kilomètres, vol le plus long enregistré en temps de guerre. Le vol le plus long est de 8 700 kilomètres. Il a été effectué par le pigeon du duc de Wellington, lâché au large des îles Ichabo le 8 avril 1845 mais tombé mort à 1 500 mètres de son colombier près de Londres le 1er mai, cinquante-cinq jours plus tard.

Un besoin ou un instinct inné ramène le pigeon voyageur vers son pigeonnier. Lorsqu'on entraîne ces oiseaux à faire des courses, on les lâche tout d'abord près de leur pigeonnier. Petit à petit, ces oiseaux apprennent à revenir de plus en plus loin. Lors d'une course officielle, chaque pigeon porte une minuscule bande d'identification, attachée autour d'une patte. On les transporte au point de départ dans des petits casiers. Lorsqu'on relâche tous ces oi-seaux simultanément, ils s'élèvent en tournoyant gracieusement dans le ciel. Puis ils finissent par se repérer et rentrer chez eux.

Il se peut que, pendant leur trajet, ils aient à affronter de dangereux orages ou des attaques de faucons, mais, quoi qu'il arrive, ils continuent leur route jusqu'à ce qu'ils atteignent leur but. Si un pigeon tourne autour de son pigeonnier ou reste sur le toit de celui-ci, on ne considère pas qu'il a fini sa course. Chaque oiseau a été entraîné pour pénétrer dans son pigeonnier par une petite trappe. La course n'est véritablement finie que lorsque le propriétaire de l'oiseau détache la bague de la patte de ce dernier et la place dans une machine qui calcule le temps écoulé. C'est bien entendu le pigeon qui a mis le moins de temps qui gagne la course.

Il existe plus de 140 races de pigeons domestiques qui nous fournissent de la viande, portent des messages, participent à des courses sportives ou à des exhibitions, montrant les belles plumes de leurs pattes et de leur queue en éventail. Mais les pigeons qui se perchent sur le rebord des fenêtres des gratte-ciel, se pavanent dans les rues des villes et picorent des graines dans les parcs sont des animaux sauvages. Ils sont semblables aux ancêtres des pigeons que l'homme finit par domestiquer.

PIGEON   COLOMBE

« L'école expérimente une nouvelle façon d'enseigner les mathématiques et vous servirez de cobayes. » Lorsqu'un professeur tient un tel discours à ses élèves, ils savent qu'ils seront les premiers à essayer cette méthode. Il y a eu tant de cobayes employés par les laboratoires, que leur nom est devenu synonyme de tout ce qui est utilisé lors d'une expérience.

Le cochon d'Inde

Bien avant que les explorateurs espagnols arrivent en Amérique du Sud, **les Incas avaient domestiqué les cochons d'Inde.** Dans les années 1800, un explorateur écrivit dans son journal que les cochons d'Inde « grouillaient toutes les nuits le long des corps des Indiens endormis dans leurs huttes ». De nos jours, les cochons d'Inde vivent toujours en liberté dans les maisons des Indiens, dans les Andes. Mais ce ne sont pas des animaux de compagnie. On les élève pour les manger.

COCHON D'INDE   COBAYE

L'ancêtre du cochon d'Inde domestique est le cobaye sauvage, qui vit encore actuellement en Amérique du Sud. C'est un petit rongeur de couleur brune, qui possède un corps puissant, une grosse tête, de petites oreilles et de courtes pattes. Les cobayes domestiques sont plus ronds et plus épais. Ceux qui sont élevés pour devenir des animaux de compagnie ont de nombreuses variétés de couleurs et des pelages différents. Il y a des angoras aux poils longs qui ressemblent à des chiffons floconneux, des blonds à la fourrure douce et d'autres encore, à trois larges bandes blanche, brune et noire.

Personne ne sait avec certitude **pourquoi le cobaye sauvage a été surnommé cochon d'Inde.** Soixante-deux ans après que Christophe Colomb eut découvert l'Amérique, des cochons d'Inde d'Amérique du Sud débarquèrent en Europe. Sur le chemin du retour, les bateaux firent escale en Afrique pour livrer des esclaves. Aux États-Unis, les cochons d'Inde sont appelés *guinea pigs*, ce qui signifie littéralement cochons de Guinée. Ce n'est sans doute pas un hasard puisqu'une partie de l'Afrique s'appelait la Guinée. Il se peut qu'il y ait un rapport.

La souris et le rat

Les dernières petites créatures auxquelles nous pensons en tant qu'animaux domestiques sont les souris et les rats. Pourtant, elles sont parmi les plus domestiquées. Nous les avons effectivement changées pour accomplir des tâches bien spécifiques.

Partout dans le monde, des souris blanches et des rats aident les scientifiques dans leurs expériences. Par exemple, une lignée de rats a été élevée avec de l'arthrite, une autre avec des problèmes cardiaques. Des rats arthritiques aident les scientifiques à trouver des remèdes pour guérir cette maladie chez les hommes. Des rats cardiaques sont soumis à divers régimes pour voir comment la nourriture agit sur leur état de santé. Des rats et des souris qui ont le cancer permettent la découverte de nouvelles cures. Comme les autres animaux, les rats et les souris ne se sont pas portés volontaires pour être domestiqués, nous ne devrions donc pas oublier de leur témoigner une reconnaissance certaine.

11. Le grand guerrier et mémorable travailleur : l'éléphant

Imaginez que vous soyez un jeune garçon vivant en Inde, et que votre père vienne vous dire que vous avez été désigné pour vous occuper d'un éléphanteau de cinq ans. Vous allez apprendre à devenir un cornac.

Vous avez bien observé votre frère aîné grandir avec son éléphant et devenir un bon guide. Vous avez envié l'agilité avec laquelle il grimpe sur le cou de cet animal et le dirige grâce à ses pieds. Il peut ordonner à l'éléphant d'aller à droite ou à gauche avec une légère pression derrière l'oreille de l'animal. Un petit coup sur la tête lui intime l'ordre de s'agenouiller, tandis qu'un autre sur le dos le fait s'arrêter. Vous savez combien votre père aime l'éléphant avec lequel il vit depuis sa plus tendre enfance. Maintenant c'est à votre tour, et vous vous demandez si vous en serez capable.

Vous entendez le jeune éléphant barrir et crier alors que des hommes le poussent dans la cage pour ses premières leçons. Il ne veut pas aller à l'école ! Qu'arrivera-t-il lorsque vous serez sur son dos ? Est-ce que cet éléphanteau effrayé apprendra à vous faire confiance ?

Pendant trois ans, votre éléphant portera des charges légères et, cinq années plus tard, il commencera à tirer de grosses billes de bois hors de la profonde forêt tropicale. D'ici là, il doit apprendre à vous obéir lorsque vous lui direz « Soulève la chaîne », « Monte sur la bille de bois », ou « Écrase cet obstacle ». Et c'est alors que vous penserez à la première personne qui a apprivoisé un éléphant, il y a bien longtemps.

Combien de courage il lui fallut pour y parvenir !

Les éléphants étaient des pilleurs de récoltes, au sens large du terme. Et ils le sont toujours. Les fermiers africains n'ont pas su inventer de barrières assez solides pour contenir un troupeau d'éléphants décidé à traverser une plantation. Contrairement à ce qui s'est passé avec d'autres animaux, les hommes se sont familiarisés assez vite avec les éléphants. Leur capture dut être ce qu'on pourrait appeler un « asservissement rapide ».

Il se peut que la première capture soit survenue lors de l'entrée en guerre d'un pays. Quelle surprise pour une armée ennemie à pied ou à cheval de voir surgir une rangée de monstres ! **Il y a environ 4 000 ans, on utilisait les éléphants comme des chars d'assaut.** Mais ces animaux ne sont pas de parfaites machines pour faire la guerre, ils ont besoin de tonnes de nourriture. Ils dépensent beaucoup d'énergie et sont rapidement fatigués. Dans les exploitations forestières, ils travaillent trois jours et se reposent les deux jours suivants, et sont incapables de travailler pendant les mois les plus chauds. Les soldats ne pouvaient bien évidemment pas s'arrêter pendant une bataille pour permettre aux éléphants de faire une pause. Dans la confusion générale du combat, le bruit du galop des chevaux et les cris des soldats, les éléphants de guerre n'étaient pas facilement maîtrisables. Comment pouvaient-ils distinguer leurs alliés de leurs ennemis ? Il arrivait souvent que, pendant leur course, pour fuir ce vacarme, ils écrasent autant de soldats alliés que d'ennemis.

Les éléphants militaires les plus connus furent ceux du général Hannibal, qui traversa l'Espagne et pénétra en Italie pour se battre contre l'armée romaine, en passant par les hautes montagnes des Alpes. Trente-huit éléphants portaient le ravitaillement. Ces animaux sont forts et ont le pied sûr. Leurs pas sont si légers et silencieux que même un éléphant mâle de 4,5 tonnes ne laisse pratiquement aucune trace derrière lui. Mais ce n'était pas suffisant pour franchir les montagnes. Après des mois de terribles épreuves, la plupart des éléphants d'Hannibal et 40 000 de ses soldats furent ensevelis sous des avalanches.

En Inde, les riches empereurs et princes aimaient habiller leurs éléphants de pierres précieuses et de belles parures. Parfois les défenses d'un éléphant étaient couvertes d'or. On adorait voir des combats d'éléphants spécialement entraînés à cet effet. On trouvait très excitant de les applaudir pendant leur combat jusqu'à ce que l'un d'eux tombe à terre. Les cornacs disaient toujours adieu à leur famille avant de participer à ces combats au cas où ils seraient tués, ce qui se produisait fréquemment. En général les éléphants étaient meurtris, mais ils survivaient. Des peintures représentant ces batailles montrent que les pointes de leurs défenses étaient gainées ou émoussées. De nos jours, il n'y a plus de combats publics d'éléphants, mais en Inde ces animaux continuent à s'afficher dans leurs magnifiques parures lors des fêtes.

Les éléphants sont-ils vraiment des animaux domestiques ? « Non », dit

Scott Riddle, qui est propriétaire d'un refuge d'éléphants et d'un élevage en Arkansas. « Ils furent apprivoisés et ils travaillent pour nous, mais nous ne les avons pas changés sur le plan génétique. »

En effet, les éléphants sont élevés en captivité, ils n'ont jamais été sélectionnés pour leur apparence ou à des fins précises, comme les chiens, les vaches ou les chevaux. Ils travaillent pour nous parce que nous les capturons et que nous nous en occupons. Ni leur cerveau ni leur corps n'ont diminué et il n'existe pas de races élevées par l'homme.

Une des raisons pour lesquelles nous n'avons pas utilisé l'élevage sélectif tient au fait qu'un éléphant acquiert tardivement une indépendance. Un poulain de un an est capable de courir, mais un éléphanteau tète le lait de sa mère jusqu'à deux ans. Les éléphants ne sont pas à proprement parler des animaux domestiques, mais ils sont trop importants pour ne pas figurer sur la liste des animaux qui ont changé notre mode de vie.

Toutes les familles d'éléphants se ressemblent. En règle générale, la femelle la plus vieille est à la tête du groupe formé par les autres femelles et les éléphanteaux. Les jeunes mâles forment un autre groupe, et le mâle le plus vieux voyage seul. Lorsque deux groupes se rencontrent à un point d'eau, ils passent un bon moment à s'accueillir mutuellement en barrissant et en tournant les uns autour des autres.

La grossesse d'une femelle dure vingt et un à vingt-trois mois. Lorsque l'éléphanteau naît, elle allaite le jeune pendant deux années et reste à ses côtés jusqu'à ce qu'il ait cinq ans. Les sœurs aînées et les tantes s'occupent des jeunes ; cela devient un véritable jardin d'enfants. Ce n'est que lorsqu'un éléphant est adolescent (quatorze ans) qu'il est assez fort pour aller travailler. Certains éleveurs vendent des éléphanteaux pour ne pas avoir à les nourrir durant toutes les années où ils ne sont pas utiles. Le directeur d'un zoo a calculé qu'en un an un éléphant mangeait 1 600 miches de pain, 45 tonnes de foin, 5,5 tonnes de luzerne, 2 000 pommes de terre, et 3 000 pommes, carottes et autres légumes. Il boit environ 36 000 litres d'eau et prend aussi des vitamines et des sels minéraux.

Il est facile de **distinguer les élé-phants d'Afrique de ceux d'Asie**. L'éléphant d'Afrique est plus grand. Il possède des oreilles en forme d'éventail, si grosses qu'une seule peut peser jusqu'à 45 kilos. Son front est bas et son dos incurvé comme s'il était doté d'une selle. Les extrémités de sa trompe très ridée sont pourvues de deux pointes ; elles jouent le même rôle que les doigts chez l'homme. Grâce à elles, il est capable de ramasser un seul brin d'herbe. La femelle comme le mâle possède des défenses en ivoire – les plus grandes dents du monde. La plus grande défense jamais mesurée faisait 3,5 mètres et pesait plus de 90 kilos.

Eléphant d'Asie   Eléphant d'Afrique

L'éléphant d'Asie a des oreilles plus petites, triangulaires et sa trompe lisse n'a qu'une seule pointe. Son dos est courbé et son front haut est pourvu de deux bosses. Il porte des défenses réduites. Il vit dans des forêts humides, des prairies, et même dans les zones enneigées les plus basses des montagnes himalayennes.

En Inde, **une chasse aux éléphants** s'appelle une *khedda*. Deux mille rabatteurs, et une cinquantaine d'éléphants apprivoisés peuvent passer jusqu'à six semaines pour encercler deux troupeaux d'éléphants et les guider dans un immense enclos aux pieux solidement enfoncés dans le sol. Même dans l'enclos, les deux groupes ne se mélangent pas. Les cornacs pénètrent dans l'enclos sur le dos de leurs éléphants apprivoisés afin de séparer et marquer par taille ces éléphants sauvages. Les éléphanteaux choisis pour être dressés sont ensuite conduits à la rivière pour boire et se baigner pour la première fois, tandis que les autres sont relâchés.

L'eau est un élément important pour les éléphants. Ils ont réellement besoin de se rouler dans la boue et de nager pour refroidir leur peau sensible. La peau d'un éléphant peut sembler coriace, elle demande néanmoins beaucoup de soins pour être débarrassée des insectes et des parasites qui s'installent dans ses plis et ses bourrelets. Après un bain, l'éléphant se poudre en se roulant dans la poussière et se nettoie les oreilles avec le bout de sa trompe.

Durant la première nuit, et les quelques jours suivant la séparation d'avec leur famille, on entend à travers la forêt les éléphanteaux captifs barrir. D'autres éléphants leur répondent par de grands appels. Mais personne ne sait ensuite combien de temps encore ils restent en contact par leurs silencieux appels à longue distance. Ces grondements sourds, telles les vibrations de lointains éclairs, sont des infrasons. *Infra* signifie en dessous. L'acuité de leurs appels est située sous un seuil que nous ne sommes pas capables de percevoir.

De nos jours, de moins en moins d'éléphants sont capturés. Les éléphants d'Afrique sont en voie de disparition. Les chasseurs d'ivoire ont tué la plupart des éléphants d'Afrique du Nord il y a plus de

1 000 ans, il en reste un petit groupe au Mali, sur la bordure sud du désert saharien. À la fin du XIXᵉ siècle, il n'y avait plus d'éléphants en Afrique du Sud. Aujourd'hui, de grands troupeaux d'éléphants restent protégés dans des parcs nationaux et en Afrique centrale et de l'Est.

Il est illégal de tuer des éléphants, mais certains chasseurs, ou plutôt braconniers, continuent à enfreindre la loi en les abattant pour récupérer le précieux ivoire de leurs défenses. Bien que la vente de l'ivoire soit interdite dans la majorité des pays, ces chasseurs trouvent encore des acheteurs. En réalité, personne n'a besoin d'ivoire. On le transforme uniquement en bijoux, en boules de billard et autres objets qui pourraient tout aussi bien être fabriqués à partir d'autres matériaux.

Depuis 1989, la chasse et le commerce de l'ivoire sont interdits et les populations d'éléphants remontent. Cependant, l'éléphant est encore en danger car beaucoup de pays veulent reprendre le commerce. Dans certains pays, l'éléphant est néanmoins en conflit avec l'homme : les immenses territoires qu'ils traversaient autrefois se sont rapetissés à mesure que les habitants de ces pays occupèrent les terres. Certains des passages frayés par des générations d'éléphants à travers les forêts ont été transformés en routes pour desservir des fermes et des villages.

Les habitudes alimentaires des éléphants sont simples. Ils mangent jusqu'à satiété, puis changent de place. Ils laissent s'écouler le temps nécessaire pour que les plantes repoussent, avant de revenir. Mais quand les éléphants sont confinés dans des territoires restreints, en l'occurrence des parcs, l'herbe et les arbres n'ont pas assez de temps pour repousser. Ils peuvent alors mourir de faim.

En Inde et dans d'autres pays asiatiques, **les éléphants aident encore les hommes à nettoyer les forêts,** là où on ne peut pas utiliser de gros bulldozers ou des tracteurs. Mais, de plus en plus, des équipements mécaniques plus rapides les remplacent. Aujourd'hui, l'une des seules activités qui leur restent est celle de nous divertir. Même si c'est un travail qu'ils ont accompli pendant deux millénaires, depuis les grands cirques de la Rome antique, les éléphants méritent un meilleur sort. Ils ont travaillé pour nous quand nous en avions besoin. Il est grand temps de laisser ces animaux intelligents retourner à leur mode de vie naturel. Dans son refuge, M. Riddle désire permettre à tous les éléphants de « vivre dans une atmosphère de respect qu'ils méritent ». C'est une idée à prendre en compte pour tous les éléphants de la planète.

12. Des animaux au chômage

Le guépard

Tandis que le soleil se levait sur les plaines de l'Inde, un appel résonnait dans les étables : « L'empereur va à la chasse. Préparez les guépards ! » Alors que les garçons d'écurie sellaient les fringants chevaux, les gardiens de guépards faisaient sortir ces grands chats de leurs cages.

Chaque guépard avait les yeux bandés et sautait agilement sur un coussin arrimé derrière la selle d'un cavalier. Le coussin ne servait pas au confort du guépard, mais à protéger le cheval, car un guépard est incapable de rétracter ses griffes, contrairement aux autres félins.

Imaginez-vous essayant de calmer un cheval pendant qu'un guépard bondit sur son dos ! Mieux, essayer d'apprendre à un guépard à monter à cheval ! Certains guépards partaient à la chasse dans de drôles d'équipages...

Il y a 400 ans, un empereur indien possédait une écurie d'un millier de guépards apprivoisés pour chasser les gazelles. La gazelle court vite, mais le guépard est le mammifère le plus rapide de la terre. Il peut, de l'arrêt à la course, atteindre une vitesse de plus de 70 kilomètres à l'heure en deux secondes, ce dont la plupart de nos voitures sont incapables ! Sa vitesse de pointe, qui est de 115 kilomètre à l'heure, lui permet de dépasser un cheval au galop.

Lorsque l'empereur et ses amis voulaient chasser, ils bandaient les yeux d'un guépard jusqu'à ce qu'une gazelle soit en vue. Au signal de l'empereur, on enlevait le bandeau du guépard pour qu'il se précipite sur sa proie.

Vers les années 1920, quelqu'un pensa qu'il serait amusant de voir **des guépards et des lévriers faire la course**. Bien sûr, les guépards étaient beaucoup plus rapides que les chiens. Mais ceux-ci auraient pu éventuellement gagner si les guépards n'avaient pas triché. Sans se préoccuper des chiens, ils prirent des raccourcis à travers les pistes, ce qui mit fin à ce genre de course.

Il fut un temps où les guépards vivaient en Afrique et en Asie, de la mer Rouge à l'Inde. Aujourd'hui, il en reste peu. D'ici l'an 2000, il se peut que leur race se soit complètement éteinte. Auraient-ils survécu plus longtemps si nous les avions domestiqués, au lieu de n'en conserver que quelques-uns comme animaux de compagnie ou comme chasseurs ? Aurions-nous pu les entraîner pour des tâches spécifiques, en faire des messagers rapides ? Peut-être, mais ils seraient alors différents, et ne seraient plus les fiers félins à la robe luisante que nous connaissons.

L'autruche

Les Bochimans de la région du Kalahari en Afrique vivent comme les hommes de la préhistoire, de chasse et de cueillette. L'eau est très rare dans le désert du Kalahari, c'est pourquoi les Bochimans transportent cette denrée précieuse dans des coquilles d'autruche vides.

Un œuf d'autruche pèse plus lourd que deux douzaines d'œufs de poule, et a aussi bon goût lorsqu'il est cuit. La coquille est aussi solide qu'une faïence de

Chine, il n'est donc pas facile de la fendiller sans l'aide d'un marteau ou d'une scie. Il semble même étonnant qu'un poussin d'autruche soit capable d'en sortir au moment de l'éclosion.

Il faut savoir que l'on convoitait moins les œufs de l'autruche que ses plumes. Celles-ci ne l'aident pas à voler. Les longues plumes ondoyantes qu'elle possède sur ses ailes sont recherchées pour faire des parures. Les habitants de l'ancienne Égypte ramassaient ces plumes et transformaient la peau de cet animal en un beau cuir tendre. Au Moyen Âge, les chevaliers arboraient ces plumes sur leurs heaumes armoriés. Comme il y avait peu de chevaliers, peu d'autruches étaient nécessaires.

Au XIXᵉ siècle, une nouvelle mode fut lancée. Les femmes adoraient porter ces longues plumes sur leurs chapeaux et de longs boas en plumes d'autruche autour de leurs cous. Cette mode décima presque toutes les autruches de l'Afrique du Nord. En Arabie Saoudite, la dernière fut tuée en 1948. S'il n'y avait pas eu d'élevages d'autruches, le plus grand oiseau du monde n'existerait certainement plus à l'heure actuelle.

Alors que les plumes d'autruche se faisaient rares, leur prix était si élevé que quelques personnes pensèrent devenir riches en élevant ces oiseaux. Des exploitations virent le jour en Afrique, en France et en Floride. Mais, durant la Première Guerre mondiale, personne ne se souciait de ces plumes, et la plupart de ces éleveurs firent faillite.

De nos jours, on conserve quelques autruches dans des parcs pour que les touristes puissent les voir. Dans certains endroits, on propose des tours à dos d'autruche, certainement fort excitants car cet animal est capable de courir à environ 70 kilomètres à l'heure et de faire des bonds d'1,50 mètre. Mais, en tant qu'animal domestique, l'autruche ne resta pas longtemps en vogue.

L'alligator

Les élevages d'alligators furent un certain temps l'objet d'un commerce fructueux. La race des alligators sauvages fut près de s'éteindre car on les tuait beaucoup pour leurs peaux, afin d'en faire des valises et des chaussures de luxe. On vota une loi condamnant cette tuerie. À l'heure actuelle, tous les cuirs d'alligator proviennent d'animaux d'élevage. Ces alligators captifs restent malgré tout des animaux sauvages. Ils ne sont pas véritablement domestiqués et leur race ne risque pas de s'éteindre.

Le faisan

Les faisans élevés dans des fermes sont relâchés dans les bois et les prairies pour servir de cibles aux chasseurs. Tout comme les autruches et les alligators, ils ne sont pas réellement domestiqués. Ils sont couvés, puis libérés, exactement comme les faisans qui éclosent en pleine nature.

L'élan

En 1660, le roi Charles de Suède décida que l'élan pouvait servir à transporter le courrier. L'élan vit dans les forêts marécageuses du Nord. Sa nourriture préférée est l'écorce des arbres. Il est difficile de capturer un animal aussi grand que l'élan, en particulier dans un marécage. Il est cependant facile à apprivoiser. Une fois entraîné à porter des harnais et des cavaliers sur des selles, l'élan devient plus rapide que le cheval et plus fort que le renne sur le sol glacé. Certains élans sont toujours en activité, mais les scooters des neiges les ont remplacés dans la plupart des endroits.

Dans les années 1970, un biologiste finlandais éleva au biberon deux élans nommés Pussi et Magnus. Il comptait les atteler à un traîneau. Les élans n'étaient pas gênés par le harnais, le licol et les brides, mais ils n'accordaient aucune attention au traîneau derrière eux. Ils allaient où bon leur semblait, comme s'ils se trouvaient dans un pâturage. Dédaignant le traîneau qui se cognait derrière eux, ils sautaient par-dessus les ruisseaux et les barrières. Si le biologiste marchait devant eux, Pussi et Magnus le suivaient comme des chiens. Mais il y avait, malgré tout, un petit problème : après avoir trotté pendant vingt minutes derrière leur maître, ils broutaient dans les buissons ou se couchaient sur la route pour faire un petit somme.

Le biologiste décida de mener Pussi et Magnus dans une autre ville afin de les exhiber. Il leur mit devant le nez du choux frais et, grâce à cette ruse, il les fit monter dans un camion par une passerelle. Il attacha leurs licols au panneau avant du camion ; les élans se tinrent tranquillement étendus tant que le camion roula. Il pensa, à juste titre, qu'il était plus sûr de les laisser dans le camion durant la nuit lorsqu'ils arriveraient en ville. Mais le lendemain matin, lorsque les deux élans entendirent sa voix familière, ils sautèrent à travers la toile qui les recouvrait pour aller sur la chaussée. Les habitants couraient en tous sens, mais dès que le biologiste les appela Pussi et Magnus revinrent en trottant et fourrèrent leurs énormes nez sous ses bras. L'avantage de la domestication des élans ne compense pas tous les inconvénients, c'est pourquoi Pussi et Magnus furent confiés à un zoo.

Le zèbre

De temps à autre, quelqu'un essaie d'élever des zèbres pour des travaux agricoles ou pour les monter. S'ils sont nés en captivité, ils sont faciles à dresser. Ils peuvent mener une existence confortable dans les zoos et faire des numéros de cirque. Mais, n'étant pas aussi grands et aussi résistants que les chevaux, ils ne furent jamais élevés pour servir de bêtes de somme.

Le cormoran

Le cormoran, cousin du pélican, est aussi bon pêcheur que lui. Il peut plonger jusqu'à plus de 3 mètres sous l'eau et y rester quarante-cinq secondes avant de refaire surface avec un poisson.

Il y a environ 1 500 ans, les pêcheurs japonais commencèrent à utiliser les cormorans pour les aider à capturer du poisson. Ils furent bientôt imités par les Chinois. Le pêcheur entraîne ses cormorans à se jucher sur les bords de sa barque. Une corde souple ou un collier de cuir enserre le cou de chaque oiseau et l'empêche d'avaler le poisson. Une fois que le cormoran a plongé et attrapé le poisson, il est tiré vers la barque grâce à cette corde. Le pêcheur s'empare alors du poisson et récompense l'oiseau d'un petit morceau de poisson.

Au milieu du XVIIe siècle, Charles Ier, roi d'Angleterre, nomma un « maître des cormorans » qui avait pour charge l'ensemble de la pêche du pays.

Le roi Louis XIII possédait des cormorans apprivoisés pour le plaisir de les regarder pêcher.

Les quelques cormorans toujours en activité dans les pays asiatiques servent principalement à montrer aux touristes comment les pêcheurs d'antan utilisaient ces grands oiseaux.

Le furet

Le furet est le cousin germain de la belette et du vison. Il y a 2 000 ans, on avait déjà dressé le maigre et rapide furet pour attraper les lapins. L'empereur romain Auguste envoya des furets sur une île voisine pour essayer d'endiguer la surpopulation des lapins.

Vers la fin du XIXe siècle, des furets furent expédiés en Nouvelle-Zélande où ils contribuèrent non seulement à contrôler le nombre des lapins errants, mais où ils se sentirent tellement à l'aise qu'ils devinrent eux-mêmes un fléau. À la campagne, en Angleterre, on envoie encore des furets dans des terriers pour en faire sortir les lapins qui servent de cibles aux chasseurs.

Il est facile d'apprivoiser un furet, si l'on commence dès sa naissance. Une fois dressé, il est utilisé pour nettoyer, dans les usines, les longs et minces tuyaux. Il est plus facile d'y introduire un furet que de les démonter. Le furet galope dans le tube, un chiffon attaché autour du cou, et ressort à l'autre extrémité afin de recevoir une récompense.

De nos jours, le furet est plus connu comme animal de compagnie. Il ne manque pas d'intérêt si vous trouvez agréable d'avoir chez vous l'animal le plus actif, le plus curieux et le plus tonique du monde. Il fouille dans les corbeilles à papiers, se cache sous les coussins ou grimpe sous votre jambe de pantalon. Il est aussi bien connu pour explorer le tuyau des aspirateurs que pour être ballotté dans les lave-linge, car il aime se cacher au fond des corbeilles de linge sale ! Mais il est plus difficile de s'habituer à son odeur qu'à son mode de vie très actif. Comme son cousin le putois, le furet est doté de glandes produisant du musc, ce qui explique que la plupart des gens lui préfèrent un chien ou un chat.

Les guépards, les autruches, les alligators, les élans, les furets, les cormorans et les zèbres ne sont pas devenus des animaux domestiques à part entière, car nul n'était assez convaincu de leur utilité. Ils ont perdu leur emploi car ce qu'ils avaient à offrir aux hommes était trop particulier, ou bien d'autres animaux remplissaient déjà les mêmes fonctions.

13. Le singe garde-malade, le dauphin-plongeur et les autres

Le singe garde-malade

Hellion, une petite guenon de la race des capucins, saute des genoux de Robert et court allègrement vers le poste de télévision afin de l'allumer pour les nouvelles de midi. Puis elle ouvre le réfrigérateur et en sort un sandwich enveloppé qu'elle pose sur le plateau du fauteuil roulant de son compagnon. « Brave fille », la flatte Robert tandis qu'elle enlève le papier du sandwich et le jette dans la corbeille à papiers. Elle saute ensuite sur les jambes de son maître handicapé et lui donne une gorgée de jus de fruit grâce à un tube attaché au fauteuil roulant. Enfin, elle prend elle-même une gorgée de sa propre bouteille de jus. C'est sa récompense.

Après le repas, Robert pointe un crayon lecteur laser vers le livre qu'il désire et Hellion va le chercher pour lui. Pendant qu'il lit, la guenon file vers sa cage pour se reposer un peu. Plus tard dans l'après-midi, Hellion introduit une cassette vidéo dans le magnétoscope avant de s'installer sur le rebord de la fenêtre, son coin préféré, d'où elle observe les passants dans la rue.

Robert est contraint de passer le restant de ses jours dans ce fauteuil roulant depuis l'accident de voiture qui lui a laissé les bras et les jambes paralysés. Il ne peut aller chercher son sandwich ou allumer le poste de télévision. Il ne peut même pas se gratter le nez ou se peigner, mais Hellion peut le faire pour lui. Elle appartient à cette race de singes qui autrefois quêtaient parmi les spectateurs pendant que leurs maîtres jouaient de l'orgue de Barbarie au coin des rues. Hellion a une mission plus importante à remplir. Elle travaille pour Helping Hands, une organisation qui entraîne les singes à aider les personnes handicapées.

Comme les autres singes capucins, Hellion est sympathique et apprend rapidement. La première partie de son entraînement commença alors qu'elle n'était qu'un bébé. Pour qu'elle s'habitue à vivre au contact des humains, elle a habité dans une famille. Pendant les huit premiers mois, elle s'agrippait au bras de sa mère et de son père adoptifs. Parfois elle se nichait dans la poche du tablier de sa mère. Durant quatre années, Hellion la suivit partout – dans les magasins, en voiture et en visite chez des amis.

Le moment le plus dur de la vie d'Hellion fut celui où elle quitta sa famille d'accueil pour aller à l'école des singes de Boston. Mais, très vite, elle se fit de nouveaux amis. Lorsque le professeur lui montrait une nouvelle tâche, Hellion n'oubliait pratiquement jamais comment l'exécuter. Elle apprit que, lorsque son ami et maître pointait son petit crayon lecteur vers un objet, elle devait le lui rapporter. Ce laser est fixé sur le repose-menton qui permet à Robert de contrôler son fauteuil roulant. Le garçon attrape le crayon entre ses dents. Quelquefois il le laisse tomber, mais alors Hellion le ramasse et le replace dans la bouche de Robert.

Hellion a aussi appris que tout objet dans la maison entouré d'un cercle blanc est hors de son territoire. Cela sert à la tenir à l'écart des médicaments dangereux, des produits d'entretien, ou à l'empêcher d'escalader les armoires et de fouiller dans les poubelles.

Hellion passera le restant de ses jours – peut-être trente ans – avec son ami Robert. Des centaines de capucins sont ainsi entraînés sur Discovery Island, à Disney World en Floride, pour l'association Helping Hands.

Il est facile de se rendre compte de la façon dont les singes peuvent nous être utiles. Mais comment un animal sans mains ni pieds peut-il faire quoi que ce soit pour nous ?

Le dauphin

Les dauphins apprennent à être nos retrievers des mers. Ils sont assurément qualifiés pour ce travail. Les dauphins sont capables de plonger à 30 mètres de profondeur et de nager à une vitesse de 40 kilomètres à l'heure. Un dauphin peut rester sous l'eau plus longtemps qu'un homme, et se battre contre un requin.

La marine américaine a déjà entraîné un escadron de dauphins à monter la garde d'une base de sous-marins Trident. En tant que garde, le dauphin est plus digne de confiance que le meilleur équipement sonar et il est plus économique. Il ne coûte que 20 dollars de poisson par jour et ne demande qu'une caresse sur la tête.

Même les yeux bandés, un dauphin est capable de trouver une pièce de monnaie. Au début, on ne leur demandait que de ramasser des outils et d'autres objets abandonnés au fond de l'océan, et de porter assistance lors des secours sous-marins. Mais dans les années 1960, pendant la guerre du Vietnam, on les entraîna à percuter des objets – comme des plongeurs ennemis – barbelés. Un dresseur démissionna car il affirmait que c'était cruel envers les dauphins, qui pensaient que ce n'était qu'un jeu.

Au cours des guerres, nous avons utilisé des chameaux, des éléphants, des chevaux, des mules et des ânes pour porter des chargements. Des pigeons voyageurs et des chiens ont transmis des messages, et même des oies sont devenues des sentinelles. Beaucoup de personnes approuvent ce dresseur et pensent qu'il n'est pas juste de demander aux gentils dauphins de devenir des guerriers.

*

*   *

À l'avenir, tous les animaux domestiques ne seront pas aussi intelligents et faciles à dresser que les singes et les dauphins. Imaginez **des araignées travaillant pour nous !**

L'araignée golden orb tisse une soie plus fiable que celle des vers à soie. Cette matière est même plus robuste qu'un fil d'acier et suffisamment résistante pour en faire des gilets pare-balles. Mais comment garder une usine pleine d'araignées filant de manière régulière une provision de soie ?

Des chercheurs scientifiques ont trouvé un partenaire microscopique à cette araignée. C'est une bactérie, appelée *E. coli*, tellement commune qu'elle se trouve dans l'intestin de chacun de nous. Sans elle, nous serions incapables de digérer la nourriture que nous absorbons. Ces chercheurs ont été capables de combiner leurs actions de manière à résoudre ce problème.

Chaque plante vivante et chaque animal a des plans intégrés qui ordonnent à chaque cellule ce qu'elle doit faire et comment elle doit y parvenir. Ces instructions sont contenues dans des *gènes*. Par exemple, nous avons un gène qui définit la couleur de nos yeux, et un autre qui détermine si nous aurons les cheveux raides ou bouclés.

L'araignée golden orb est dotée d'un gène qui lui permet de tisser sa soie. Lorsque les scientifiques identifièrent ce gène, ils l'isolèrent et le joignirent à la bactérie *E. coli*. La nouvelle bactérie ainsi obtenue est capable de fabriquer la soie en laboratoire, sans la participation de l'araignée.

Les bactéries ne sont ni des plantes ni des animaux, mais elles sont vivantes. Elles appartiennent à une catégorie particulière appelée monère. Il existe des milliers, voire des millions, de différentes espèces de bactéries et elles sont toutes si minuscules qu'elles ne peuvent être vues qu'au microscope. Les scientifiques affirment qu'ils sont loin de les avoir toutes découvertes. Parmi celles que nous connaissons se trouvent celles qui provoquent différentes maladies, ou encore gâtent la nourriture ou font fermenter le vin. Ce sont les créatures qui nous aideront le plus dans les années à venir, parce qu'elles se divisent et se reproduisent très rapidement. Ainsi, en une demi-heure, des milliards de bactéries peuvent se développer.

On a « programmé » une bactérie pour qu'elle avale les taches d'huile. Une autre mange le plastique et d'autres sortes de déchets qui ne sont pas biodégradables. Dès à présent, les bactéries sont de véritables usines qui fabriquent des centaines de médicaments, comme l'insuline pour soigner le diabète. Une autre bactérie est capable de faire naître un nuage pour provoquer la pluie.

Peut-être qu'un jour on domestiquera les chauves-souris en guise de pesticides chimiques pour tuer les insectes. Lors d'un vol nocturne, une chauve-souris peut avaler plus que son propre poids d'insectes. Il se peut qu'à l'avenir chaque maison ait une famille de chauves-souris mangeant la nuit des insectes du jardin. À l'aube, elles rentreront au bercail. Un autre couple pourra être assigné à l'intérieur pour tuer les cafards et les autres bestioles que nous détestons avoir dans nos maisons.

Les geckos, de la famille des lézards, sont si célèbres à Hawaii qu'on les trouve reproduits sur tout, des tee-shirts aux sacs de plage. Les vrais geckos sont plus difficiles à observer car ce sont des animaux nocturnes, mais leurs petits cris pleins de gaieté vous informent qu'ils sont occupés à avaler goulûment des insectes. Un autre lézard, appelé scinque, est de l'équipe du jour.

En Floride et dans d'autres États du sud des États-Unis, vit un lézard qui mange de minuscules insectes, connu sous le nom de caméléon. Parfois des New-Yorkais ou d'autres habitants de grandes villes américaines achètent des caméléons ou des geckos pour les aider à se débarrasser des cafards. Pour ceux que les chauves-souris rendent nerveux, ces lézards peuvent être leurs pièges à insectes. Ils se cacheront derrière le réfrigérateur, une fois leur travail accompli.

Il est possible aussi d'utiliser des requins comme garde-côtes. Saurons-nous leur apprendre à patrouiller dans les ports et le long des plages sans qu'ils fassent de mal aux baigneurs ? Pourrons-nous les élever dans des fermes sous-marines afin qu'ils nous fournissent des steaks de requin et du cuir solide ?

En septembre 1991 a commencé une grande expérience, qui doit s'étaler sur une centaine d'années et dont le nom de code est **Biosphère II** (Biosphère I étant la terre elle-même).

Pendant les deux premières années, huit personnes ont vécu dans un monde entièrement sous verre. C'est un bâtiment de 25 mètres de haut qui s'étend sur plus de 12 000 mètres carrés dans le désert de Sonora, près de Tucson, en Arizona. Les membres de l'équipe de Biosphère II avaient des radios, des postes de télévision, des téléphones, des ordinateurs et des fax pour rester en contact avec le monde extérieur. Mais ils ne devaient pas quitter la Biosphère. Ils produisent leur propre nourriture et se débarrassent de leurs déchets. Même l'électricité devait être produite dans leur petit monde. Rien, hormis les informations et la lumière du soleil, ne doit provenir de l'extérieur. Un des buts de cette expérience est de voir s'il est possible que ce genre de construction puisse fonctionner sur d'autres planètes, où les habitants devraient vivre pendant plusieurs années. L'autre but est d'observer comment notre planète fonctionne.

Cette biosphère fut créée pour être aussi ressemblante que possible à l'image de la terre. Il y a une petite forêt humide, un petit océan bordé d'un récif de corail, un marais salant, une savane, un marécage, une ferme et un désert. Un millier de différentes plantes et animaux, dont des insectes, des oiseaux, des poissons, des amphibiens, des reptiles, des petits mammifères et quelques animaux domestiques sont enfermés avec les humains.

Comme il y a des milliers d'années, les huit membres de l'équipe de cette biosphère s'occupent de chèvres naines, de coqs bankivas et de cochons ventrus vietnamiens. Rien ne doit être perdu. Les chèvres et les cochons mangent les restes, et leurs excréments servent d'engrais pour les jardins. La viande est fournie par des poulets et des cochons, et le lait par des chèvres. Les animaux sont tributaires des hommes et réciproquement.

Malgré les problèmes rencontrés par la première équipe au printemps 1994, une deuxième équipe de sept personnes (cinq hommes et deux femmes) a décidé de poursuivre l'expérience. Aujourd'hui, en 1996, des chercheurs de l'université new-yorkaise Columbia dirigent désormais le projet. Personne ne s'isolera plus dans Biosphère II, mais des scientifiques l'utiliseront pour étudier les changements climatiques, sous l'influence par exemple du taux de gaz carbonique atmosphérique.

Nous ne pouvons pas vivre seuls sur cette planète. Sans les animaux domestiques, nos vies seraient très différentes. Peut-être serions-nous toujours en train de vivre de chasse et de cueillette. La domestication des animaux a été un pas de géant dans l'évolution de l'homme. Elle a été tout aussi importante que la découverte du feu ou l'invention des outils. Pour la première fois, les hommes commencèrent à contrôler la nature plutôt que d'en tirer simplement leur subsistance. Les hommes qui cultivaient les terres en retiraient plus qu'ils n'avaient besoin. Ils purent vendre ou échanger leurs excédents de récoltes, d'animaux, de lait, de fromage, de laine et de cuir. Pour se livrer au commerce, ils eurent besoin de bêtes de somme afin de transporter leurs marchandises jusqu'aux places de marché. Ils eurent également besoin de tenir des comptes, et cela les a menés à l'invention de l'arithmétique, de l'écriture et de l'argent. Les villes se sont développées autour des places de marché, points de rencontre des commerçants, des vendeurs et des acheteurs. Cela se concrétisa grâce à notre collaboration avec les animaux.

Les animaux changèrent au fur et à mesure de leur domestication, et nous évoluâmes de même. Ils nous donnèrent bien plus que de la nourriture, des vêtements, des moyens de transport, du divertissement et de l'amitié. Ils nous ouvrirent les portes de la civilisation.

Leur avons-nous donné suffisamment en retour ?

Lexique

Âge de pierre : période de l'histoire de l'humanité, qui commença il y a au moins un million d'années, avant l'invention des métaux, alors que les hommes fabriquaient des haches, des lances, des couteaux et d'autres outils en pierre.

Ancêtres : personnes dont nous descendons ; nos grands-parents. Par exemple, notre arrière-arrière-grand-père et notre grand-mère sont nos ancêtres. Les animaux ont eux aussi des ancêtres.

Descendants : personnes qui sont issues d'une famille ou d'ancêtres particuliers. Nous sommes par conséquent les descendants de nos arrière-arrière-grands-parents. Les chiens sont les descendants des loups.

Domestiquer : mettre sous le contrôle des hommes. Rendre un animal utilisable par les hommes.

Élevage sélectif : choix ou sélection d'un animal par les hommes pour le croiser avec un autre en vue d'obtenir des petits ayant certaines caractéristiques.

Ère glacière : période intense de froid arctique qui a commencé il y a deux millions et demi d'années, lorsque de grandes plaques de glace recouvraient l'Europe du Nord et le nord de l'Amérique. Huit fois le climat s'est réchauffé et les couches de glace ont fondu avant de réapparaître. La dernière glaciation ne s'est achevée qu'il y a dix mille ans.

Espèce : groupe d'animaux ou de plantes de la même famille, du même nom, qui peuvent se reproduire entre eux et donner naissance à des petits.

État sauvage : décrit un animal qui vit actuellement de façon sauvage, alors qu'il fut jadis domestiqué ou eut des ancêtres domestiqués. Les mustangs sont retournés à l'état sauvage ; ils sont les descendants des chevaux domestiques.

Gène : partie de la cellule qui contient les

informations des caractéristiques dont héritera le porteur.

Grégaire : qui vit en troupeau ou en meute ; qui aime la compagnie ; qui a un comportement sociable.

Hériter de : recevoir un trait de caractère d'un ancêtre. Par exemple, un animal peut hériter de la taille, de la couleur du pelage, de la longueur de la queue ou de la forme de la tête.

Lignée : suite d'ancêtres ; groupe d'individus qui sont en relation parentale.

Mutation : changement dans un gène qui provoque un nouveau trait de caractère ou une nouvelle caractéristique qui peuvent être hérités.

Race : type d'animal à l'intérieur d'une espèce, qui possède des caractéristiques héritées. Le berger allemand, par exemple, est une race particulière de chien.

Trait de caractère : structure ou comportement qui peut être transmis à un descendant ; caractéristique dont on peut hériter.

Stérile : infertile ; qui ne peut avoir de descendance.

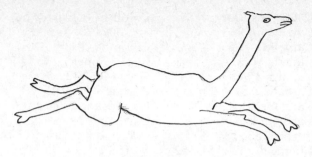

Index

Castor Poche

Des livres pour toutes les envies de lire,
envie de rire, de frissonner, envie
de partir loin ou de se pelotonner dans un coin.

Des livres pour ceux qui dévorent.
Des livres pour ceux qui grignotent.
Des livres pour ceux qui croient ne pas aimer lire.
Des livres pour ouvrir l'appétit de lire et de grandir.

Castor Poche rassemble des textes du monde
entier ; des récits qui parlent de vous mais aussi
d'ailleurs, de pays lointains ou plus proches, de
cultures différentes ; des romans, des récits, des
témoignages, des documents écrits avec passion
par des auteurs qui aiment la vie, qui défendent
et respectent les différences. Des livres qui abor-
dent les questions que vous vous posez.

Les auteurs, les illustrateurs, les traducteurs
vous invitent à communiquer, à correspondre
avec eux.

Castor Poche
Atelier du Père Castor
4, rue Casimir-Delavigne
75006 PARIS

Castor Poche

A chacun ses intérêts, à chacun ses lectures.

9 séries à découvrir :
Aventures
Contes et Fables
Connaissances
Fantastique et Science-fiction
Histoires d'Animaux
Humour
Le monde d'Autrefois
Mystère et Policier
Vivre Aujourd'hui

Castor Poche
Une collection qui s'adresse à tous les enfants
Benjamin : dès 3/4 ans
Cadet : dès 5/6 ans
Junior : dès 7/8 ans
Senior : dès 11/12 ans

Castor Poche Connaissances

Une nouvelle série
à partir de 8/9 ans.

Castor Poche Connaissances
Des petits « poches » à lire d'un trait
ou à prendre et à reprendre.
Des textes pour stimuler la curiosité,
pour susciter l'envie d'en savoir plus.

Castor Poche Connaissances
En termes simples et précis,
des réponses à vos curiosités, à vos interrogations.
Des textes de sensibilisation
sur des notions essentielles.
Les premières clés d'un savoir.
Des sujets variés.
Le sérieux de l'information
allié à la légèreté de l'humour.
Un ton alerte et vivant.

Dans chaque ouvrage,
un sommaire et un index détaillés permettent
de se référer rapidement à un point précis.

C1 Bon pied, bon œil ! (Junior)
Notre santé
par Lesley Newson

Quels sont les moyens de défense et de reconstruction de notre organisme ? Que se passe-t-il à l'intérieur de notre corps lorsque nous avons la varicelle ? Ce guide concis et vivant nous permet d'en savoir plus sur les microbes, les virus, les bactéries et... sur nous-mêmes.

C2 Comme un sou neuf ! (Junior)
La bataille contre la saleté
par Lesley Newson

Qu'est-ce que la saleté ? Comment agissent le savon, les détergents ? Une approche, à la fois scientifique et vivante des questions d'hygiène, qui nous informe avec précision et humour, et nous aide à combattre la saleté sur notre corps, sur nos vêtements, dans nos maisons et dans nos villes.

C3 La marche des millénaires (Senior)
A l'écoute de l'Histoire
par Isaac Asimov & Frank White

Parce qu'il traite autant des modes de vie et de l'évolution des techniques que des faits dits historiques, ce livre transforme le domaine parfois rebutant de l'Histoire en une matière vivante et attrayante. Les connaissances historiques sont mises en relation avec les grandes préoccupations d'aujourd'hui, et deviennent du coup captivantes.

C4 Sale temps pour un dinosaure ! (Junior)
Les caprices de la météo
par Barbara Seuling

Comment se forme un grêlon ? En quoi une tornade diffère d'un cyclone ? Quelle est la température la plus chaude jamais enregistrée sur terre ? Qu'est-ce que la foudre ? Mille informations sur le temps et la météorologie sont regroupées dans ce petit livre, qui dissipent les interrogations et ... éclaircissent notre ciel !

C5 Les coulisses du zoo (Junior)
Carnets d'un vétérinaire
par Sheldon L. Gerstenfeld

Comment les kangourous montrent-ils leur colère ? Comment faire une prise de sang à une tortue ? Comment administrer un médicament à un hippopotame ? Comment prendre la température d'un éléphant ? Écrit par un vétérinaire, un guide présentant avec humour une foule d'informations sur les animaux du zoo.

C6 Les dieux s'amusent (Senior)
La mythologie
par Denis Lindon

Un précis de mythologie aussi savant que souriant. Un livre passionnant, drôle et instructif, qui nous permet de (re)découvrir les plus belles histoires du monde : les amours de Jupiter, les facéties de Mercure, les complexes d'Œdipe, les colères d'Achille, les ruses d'Ulysse...

C7 Un appétit d'ogre (Junior)
Le mystère des aliments
par Lesley Newson

Pourquoi les vaches peuvent-elles se nourrir d'herbe et pas nous ? Comment se fait-il que la cuisson durcisse le blanc d'œuf et ramollisse les pâtes ? Comment sont fabriqués les bonbons ? À ces questions, et à bien d'autres, une biologiste apporte des réponses claires, souvent drôles, mais toutes scientifiques.

C8 Top chrono (Junior)
La mesure du temps qui passe
par Franklyn M. Branley

Pourquoi y a-t-il soixante minutes dans une heure ? Pourquoi février ne compte que vingt-huit jours ? Qui a inventé les fuseaux horaires ? Pour mieux comprendre comment les hommes ont appris à mesurer le temps qui passe et à y poser des jalons, un petit livre qui remonte le temps - et vient à temps.

C9 Boule de neige et caribou (Junior)
Du flocon au glacier
par Franck B. Edwards

Quoi de plus innocent qu'un flocon de neige ? Pourtant, c'est de flocons de neige que naissent les glaciers. Et chaque année plus d'un cinquième de notre planète est recouvert de neige pendant des mois. Des hommes, des animaux, des plantes s'accommodent de la neige, ils en tirent même parti, mais comment ?

C10 Silence on tourne ! (Senior)
L'enfance du cinéma
par Liliane Korb et Laurence Lefèvre

Des ombres chinoises aux premières salles : un vaste panomara de la naissance du cinéma. Nous y découvrons des appareils aux noms étranges tels le zootrope ou le praxinoscope, les noms des grands inventeurs, Edison, les Frères Lumière, Méliès, Émile Cohl, les premières productions de Charles Pathé et Léon Gaumont...

C11 De la grotte à la niche (Junior)
La domestication des animaux
par Margery Facklam

Comment le chien et le chat sont-ils devenus compagnons de l'homme ? Qui a dompté le cheval ? D'où viennent la vache, la poule, le dindon ? De l'éléphant au furet, en passant par le cormoran, les mystères de la domestication animale.

C12 Ne perdons pas le nord ! (Junior)
S'orienter
par Vicki Mc Vey

Comment nous dirigeons-nous ? Comment trouvons-nous notre chemin, dans les lieux inconnus comme les plus familiers ?
Sur quoi se repéraient les anciens navigateurs, au temps où il n'existait pas de cartes ? Comment lire une carte, un plan ? Que faire si l'on est perdu ? Pour les explorateurs en herbe, un guide de l'orientation complété de jeux et de suggestions d'expériences.

C13 De la tête aux pieds (Junior)
Notre corps
par Linda Allison

Que savons-nous de notre corps ? En termes simples, clairs et précis, ce guide nous invite à en explorer l'intérieur, à en découvrir les rouages (et les énigmes qui demeurent), du fonctionnement de nos muscles à celui de notre odorat, de notre cerveau... Une véritable plongée, que rendent plus vivante encore les expériences suggérées, toutes de réalisation facile.

C14 La bible de l'oncle Simon (Senior)
Récits de l'Ancien Testament
par Denis Lindon

Adam et Ève... Caïn et Abel... Isaac et Jacob... Joseph et ses frères, Samson et Dalila, David et Goliath, Esther et bien d'autres : les meilleures scènes de l'Ancien Testament, racontées par l'oncle Simon. Un récit auquel ne manquent ni le suspens, ni l'émotion, ni l'humour.

Cet
ouvrage,
le onzième
de la collection
CASTOR POCHE CONNAISSANCES,
a été achevé d'imprimer
sur les presses de l'imprimerie
G. Canale & C. S.p.A.
Borgaro T.se - Turin
en avril
1996

Dépôt légal : mai 1996.
N° d'Édition : 2616. Imprimé en Italie.
ISBN : 2-08-162616-0
ISSN : 1147-3533
Loi n° 49-956 du 16 juillet 1949
sur les publications destinées à la jeunesse